La France made in USA

Guillemette Faure

La France made in USA

Petit manuel de décryptage des idées américaines toutes faites sur les Français

Éditions Jacob-Duvernet

Sommaire

Préambule

Personne ne se souvient de Rick Lazio. Il était, en 2000, l'adversaire d'Hillary Clinton aux élections sénatoriales de New York. Les grands journalistes collaient Hillary, les losers traînaient derrière Rick Lazio. À l'époque, déjà journaliste pigiste, je faisais le grand écart entre *La Croix* et *Têtu*. Un statut qui ne m'avait pas permis de convaincre le service de presse de Rick Lazio de mettre mon nom sur leurs listes de journalistes. Jérôme Godefroy, alors correspondant de RTL à New York, avait la gentillesse de me faire suivre leurs communiqués de presse. Sur l'un d'eux, à côté de la liste de Républicains annoncés dans un meeting de campagne, il avait ajouté à la main « et en présence de l'ancien dictateur Slobodan Milosevic ». Du coup, pour rendre hommage au sens de la facétie de Jérôme, j'y étais allée.

Le bus de presse partait à six heures du matin. Parce qu'en plus, le rallye politique de Lazio n'avait pas lieu à New York, mais en banlieue. À bord, nous n'étions que deux journalistes : l'autre était un jeune reporter du *New York Times*. Ed était obligé de me parler. C'était moi ou le chauffeur du bus.

C'est ainsi que nous avons commencé à découvrir les subtiles incompréhensions transatlantiques, qui m'ont donné l'idée de ce livre, fruit de dix ans passés aux États-Unis. Ed a accepté que je raconte notre histoire à condition que je n'en fasse pas un recueil de confessions intimes.

Et quand la vague de francophobie s'est déclenchée aux États-Unis, Ed m'a envoyé un petit mot de soutien : « Si nous n'avions pas déjà rompu, il faudrait le faire maintenant. »

1re PARTIE

Souffler sur les braises anti-françaises

Comment le conflit irakien a réveillé de vieux préjugés

Verbatim

"Les Français ! Ils nous détestent, ils fument, et ils ont une relation aux produits laitiers que je ne peux pas comprendre."

Meg Ryan, dans le film *French Kiss*

C'est un épisode du dessin animé *Les Simpsons* de 1995. Suite à des coupes claires dans les budgets de l'école, le balayeur devra désormais assurer également les cours de français. Pénétrant dans la salle de classe, il lance aux élèves : « Salut les singes capitulards mangeurs de fromage ! » Un journaliste du très conservateur *National Review* s'empare de la formule et la ressort chaque fois qu'il a besoin de canarder les Français pour leur politique. Cette habitude perdure dans l'indifférence générale jusqu'à l'époque de la crise diplomatique franco-américaine à propos de l'Irak. Dès lors, la formule fait un tabac.

Si la famille Simpson doit nous donner le pouls de l'Amérique, voici un autre épisode, cette fois de 1996. Hank, un sinistre personnage, est décidé à détruire un grand pays européen. Il a le doigt sur le bouton quand il consulte Homer Simpson. « Homer, quel pays tu aimes le moins, l'Italie ou la France ? » « La France » répond Homer. Hank ricane : « Personne ne répond jamais l'Italie. »

La brouille franco-américaine sur l'entrée en guerre contre l'Irak, en 2003, a sans conteste joué un rôle central dans la perception que les Américains ont des Français. Jusque-là, l'irritation était diffuse. Rien d'équivalent à notre

Le conflit sur l'Irak a engendré un sentiment anti-français qui a touché l'Américain moyen jusque-là indifférent à la France.

obsession des États-Unis, référence permanente en France. La plupart des Américains, si vous les aviez interrogés avant le différend sur l'Irak sur leurs perceptions de la France et des Français auraient été surpris par votre question. Ils n'en pensaient pas grand-chose (ce qui a déjà de quoi nous agacer) au-delà des plaisanteries d'usage. Les bastions conservateurs ne les aimaient pas. Les élites des deux côtes étaient doucement francophiles. Le conflit diplomatique sur l'Irak a engendré un sentiment anti-français qui, pour une fois, a touché l'Américain moyen jusque-là indifférent à la France.

Tout est ressorti : du tapis rouge déroulé aux Allemands à la légendaire hypocrisie française, de notre prétendu culte pour Jerry Lewis à cette odeur pestilentielle que nous tentons de masquer tant bien que mal par des parfums scandaleusement hors de prix. Si la violence de ce sentiment nous a semblé nouvelle, les thèmes de ces attaques, au contraire, étaient bien loin de l'être.

On comprend mieux alors les sarcasmes de Maureen Dowd, la chroniqueuse chipie et moraliste du *New York Times*, avant l'entrée en guerre des États-Unis : « George Bush dispose maintenant d'un véritable argument pour convaincre le pays d'envahir l'Irak : les Français sont contre. » Autant dire que si, en février 2003, les Français ont été surpris par la véhémence des attaques francophobes dans la presse américaine, la démangeaison, elle, était déjà là depuis longtemps.

Aparté

PUB

Déjà bien avant que le conflit franco-américain sur l'Irak ne transforme le *French bashing* (l'art de taper sur les Français) en sport officiel, un spot hilarant, parodie de publicité touristique, avait été diffusé dans l'émission satirique *Saturday Night Live*. Sur air d'accordéon et images de terrasses de café en Provence, la voix *off* s'en donne à cœur joie : « Ah ! la France... Pays de grands peintres, de grands cuisiniers et d'antisémites ! » Les images touristiques défilent avec une ribambelle de commentaires sur l'arrogance, les mauvaises odeurs et les crottes de chien... Jusqu'à la chute : « Avec tout ce qui se passe dans le monde, ne serait-il pas temps de recommencer à détester les Français ? »

Aparté

MICHAEL MOORE AUSSI

Célèbre chez nous pour ses documentaires *Bowling for Columbine* et *Fahrenheit 9/11*, Michael Moore prend, dès les premières tensions au sujet de l'Irak, la défense de la position française. Tiens, tiens... Car en 1994, dans *TV Nation*, son émission sur Fox (oui, sur Fox) aujourd'hui enterrée, il proposait au contraire à l'administration Clinton de trouver un nouvel ennemi contre lequel partir en guerre. Après avoir exploré plusieurs possibilités, il oscillait entre le Belize (« facile à battre ») et la France (« arrogants », « des pâtisseries exagérément chères »). Il choisit finalement cette dernière.

Quel soulagement de pouvoir détester les Français ouvertement…

De même que nous pensons tout savoir des Américains, ils sont, de leur côté, persuadés nous connaître les yeux fermés. Et ces perceptions sont au moins aussi profondément ancrées que les nôtres. J'ai rencontré une formatrice spécialisée dans la préparation culturelle des cadres sur le point de s'expatrier. Lorsqu'elle a affaire à des Américains qui partent s'installer dans l'Hexagone, elle me dit prévoir une demi-journée pour leur ôter de la tête l'idée qu'ils connaissent la France avant d'y avoir mis les pieds.

Or, si nous disséquons régulièrement le degré, les *raisons d'être**, le bien ou mal fondé de notre anti-américanisme, nous savons bien moins ce que les Américains pensent de nous. Ce livre est un voyage en France, mais dans une France que nous connaissons à peine : celle des Américains.

Bien sûr, il pourra sembler manichéen. En commençant à en parler autour de moi, j'ai entendu des « mais cette idée, il faut que tu dises qu'elle est fausse » ou des « mais ça, c'est vrai ! » Bien sûr, nous ne sommes pas tous antisémites, et je compte parmi mes amis des gens qui ne sentent pas sous les bras. Peu importe. Il n'est pas question ici de discerner le vrai du faux, le fondé de l'injure (ça, c'est le boulot du lecteur), mais de s'intéresser à des perceptions. *And, voilà !*

* *In French in the text.*

CHAPITRE 1

Une cible de choix

Un jeu populaire où tous les coups sont permis

Verbatim

"Il n'y a pas d'enfer, il n'y a que la France."

Frank Zappa, musicien

« Comme dans *Johnny English*, le mafieux façon 11 Septembre du film *SWAT* est français », relève le critique d'un journal de Memphis à propos du film sorti en 2003 dans lequel Olivier Martinez tient le rôle d'Alex Montel, un trafiquant pourri et odieux. « Il y a même un flic pour le traiter de grenouille. Le recours à un méchant Français semble être une manière d'attiser l'antipathie du public sans prendre le risque d'une accusation d'intolérance qui accompagnerait le recours à un méchant arabe. »

Le cinéma américain reflète-t-il ou entretient-il l'image que son public peut avoir de la France ? Toujours est-il que l'homme d'affaire véreux du film *Johnny English*, parodie de James Bond passée sous le radar des critiques, sorti la même année, est également français, Pascal Sauvage (incarné par John Malkovich). Ailleurs, dans les deuxième et troisième parties de la trilogie *Matrix*, le Mérovingien, interprété par Lambert Wilson, parle avec un accent français qui lui remplit la bouche. Insupportable snob, pervers, veule et cruel, on le surnomme « le Français ».

Master and Commander, un film de Peter Weir de 2003, affiche Russel Crowe dans le rôle de Jack Aubrey, le capitaine du *Surprise*, un navire britannique qui au XIXe siècle, pendant les guerres navales de l'époque napoléonienne, s'engage à la poursuite d'un vaisseau ennemi. Dans les deux romans anglais de Patrick O'Brian dont est inspiré le film, il s'agissait du *Norfolk*, un navire américain. Pour sa version hollywoodienne, il devient l'*Achéron*, frégate de corsaires français. « Vous voulez une guillotine à Picadilly ? Vous voulez que vos enfants chantent la Marseillaise ? » lance Russel Crowe/Jack Aubrey à ses hommes pour les motiver. « Noooooon », hurlent-ils en cœur. Le chroniqueur conservateur du *Washington Post*, Charles Krauthammer, applaudit des deux mains ce film qui offre « la satisfaction particulière de voir des boulets de canon anglo-saxons perforer le drapeau tricolore ».

Ces horribles Français, vicelards et trop sûrs d'eux, trouvent un écho dans les seconds rôles des séries américaines. Ils sont aussi *de rigueur** dans les séries américaines que la coriandre l'est à la cuisine française branchée. Jusque dans la série télé *The West Wing* (« À la Maison Blanche » en VF) où la fille du président, partie étudier en France, revient dans les bras d'un descendant de la famille royale française. Le jeune goujat,

* *In French in the text.*

Dans l'Amérique *politically correct*, les Français forment l'un des derniers groupes qu'il est autorisé d'attaquer. Blancs, chrétiens, c'est une cible parfaite.

Aparté

LA TÊTE DE L'EMPLOI

***The In-Laws*, film sorti en 1979, a fait l'objet d'un remake en 2003. Dans la nouvelle version, le méchant criminel s'appelle Jean-Pierre Thibodoux. Ce n'est plus, comme dans la version originale un dictateur sud-américain, mais un marchand d'armes français, forcément efféminé.**

Verbatim

“Il n’existe pas vraiment, bien entendu, de sous-culture française aux États-Unis. Ce qui est français est perçu comme éminemment extérieur au monde américain : on peut donc avoir recours à l’insulte en toute impunité.”

Pierre Verdaguer, professeur de français à l’université du Maryland

passé maître dans l’art du procès de la société américaine, se permet régulièrement de faire la leçon au président. Sa fille le quittera lorsqu’il glissera de l’ecstasy dans son verre, facilitant par ce geste l’enlèvement de la jeune fille par des terroristes !

N’allez pas croire que les scénaristes piochent dans les réserves d’affreux Français par conviction politique. Non, le filon est simplement trop juteux. Mark Katz, par exemple, écrivait, il y a quelques années encore, les blagues des discours de Bill Clinton. Le beau métier... Lorsque j’ai demandé à ce jeune quadra ce qu’il pensait du comique lourdingue anti-français, je m’attendais à ce que ce *funny man* professionnel soit consterné. Pas du tout : « Si je travaillais encore en ce moment, je ne suis pas sûr que j’arriverais à me retenir de me moquer des Français », m’a-t-il répondu naturellement.

Car dans l’Amérique *politically correct*, les Français forment l’un des derniers groupes qu’il est autorisé d’attaquer. Blancs, chrétiens, c’est une cible parfaite. Et puis cela semble de bonne guerre : leur anti-américanisme est légendaire, non ? Représentant moins de 2 % des immigrants arrivés dans le pays

Taper sur les Français n’est pas seulement moralement admissible, cela a aussi été fortement encouragé.

depuis 1820, il ne s'est jamais constitué aux États-Unis de communauté franco-américaine. Il n'y a pas d'association qui prendrait la mouche, s'agiterait, demanderait des excuses avec autant de véhémence que le font les Italiens, par exemple, à chaque fois qu'ils s'estiment injustement représentés en mafieux dans une série télé. La plupart des communautés étrangères ont un groupe de lobbying qui les représentent à Washington. Pas les Français.

Taper sur les Français n'est pas seulement moralement admissible, cela a aussi été fortement encouragé. La diplomatie française a vécu le *French bashing* du printemps 2003 comme une campagne instrumentalisée par le Pentagone et tolérée par la Maison Blanche de George Bush. « Les relations franco-américaines sont au plus bas », concède Irwin Wall, un historien américain fin connaisseur des relations entre les deux pays. L'homme se reprend : « On l'a déjà dit en 1954, 1956, 1963, 1966… » Il pourrait aligner des dates pendant longtemps. « Le contentieux n'est pas nouveau ; ce qui l'est, c'est la volonté de le rendre public. » Il s'est plongé dans les archives de la Maison Blanche. « Ce qui se disait à l'époque de Kennedy ou de Johnson était bien pire. La furie, en 1966, lorsque de Gaulle a voulu sortir de l'OTAN, était bien plus forte que ce qu'on a connu récemment. Mais ils veillaient à ce que cela ne sorte pas

Aparté

BAS LES PATTES

Chaque année, au printemps, le dîner des correspondants de la Maison Blanche est prétexte à un spectacle de bouffonneries sur le dos des hommes politiques en vue (et avec leur consentement). En 2004, le comédien Jay Leno a montré de fausses images de Laura Bush se désinfectant après le célèbre baise main de Jacques Chirac…

Aparté

JE NE MANGE PAS DE CES FRITES-LÀ

Sur la suggestion de Walter Jones, un parlementaire de Caroline du nord agacé par l'opposition de la France à la guerre en Irak, les *French fries* (les frites) du Congrès ont été renommées *Freedom fries.* Pour un tiers des Américains interrogés à l'époque par l'institut de sondage Gallup, il s'agissait d'une « expression sincère de patriotisme ». Pour les autres, c'était tout simplement *silly* (stupide). Walter Jones défend maintenant un retrait des troupes américaines d'Irak, mais les frites du Congrès sont toujours libres.

de la Maison Blanche ; il n'y avait pas de campagne de relations publiques orchestrée. »

Orchestrée discrètement. En mars 2003, interrogé sur les manifestations anti-françaises, Ari Fleischer, alors porte-parole de la Maison Blanche feint de s'abriter derrière le respect du *free speech.* Le président, lui aussi, estime que les citoyens américains ont le droit d'exprimer leur point de vue comme ils l'entendent : « C'est leur droit», explique-t-il à la presse qui l'interroge sur les mouvements anti-français.

Prenant la parole à la même époque, George Bush joue effectivement les présidents amoureux de la liberté d'expression, à l'écoute de son peuple : « Un phénomène intéressant se produit en Amérique en ce qui concerne les Français. Et ce mouvement anti-français n'est animé par personne d'autre que le peuple américain. » Vraiment ? Pourtant, à bord d'*Air Force One*, l'avion présidentiel, les *French toast* du petit-déjeuner avaient été rebaptisés *Freedom toast.*

CHAPITRE 2

Anti-américains par dépit

Les Français, c'est bien connu, prennent les Yankees pour des ploucs

Verbatim

“Que doit-on attendre d’une culture et d’une nation qui a employé plus d’énergie à lutter contre Disneyworld et les Big Mac que contre les Nazis ?”

**Dennis Miller,
pseudo comique
au cœur républicain**

Mel Edelstein avait le nez dans les archives d’un petit village français, quand une employée est venue lui parler. « Elle m’a dit : “Vous savez, Monsieur, les États-Unis n’ont aucune histoire, aucune culture et on y mange mal.” », me raconte-t-il dans un français parfait. « “Manger mal”, lui ai-je répondu, “je ne sais pas, je vis à New York. Mais je ne peux pas vous laisser dire que ce pays n’a pas d’histoire et pas de culture.” »

Une lithographie de Dijon est accrochée au mur de son appartement, situé en haut d’une tour de l’Upper East Side à New York. Mel Edelstein étudie la Révolution française depuis quarante ans ; il enseigne cette période dans une université du New Jersey à « des étudiants qui ne sont pas en contact avec le monde ». Il s’est spécialisé dans les élections de l’après-Révolution française et traverse régulièrement la planète pour donner des conférences sur le sujet et participer à des colloques. Le jour où nous nous sommes vus, il avait sous les yeux une brochure répertoriant les cours des universités françaises consacrés aux États-Unis. « Ce que je ne comprends pas, c’est qu’il y ait si peu de cours sur l’histoire des États-Unis. D’un côté, je comprends, étant historien, qu’entre l’histoire de la Perse du XIIe siècle et celle des États-Unis, on choisisse la Perse. C’est une ancienne civilisation. Mais je trouve vraiment injuste de ne pas donner aux jeunes la possibilité d’apprendre l’histoire des États-Unis. Ce pays existe. »

On se retrouve à nouveau le lendemain de sa rentrée universitaire. Lors de son premier cours, il a demandé aux étudiants de remplir une fiche sur ce qu'ils pensaient de la France. « Ce qui m'étonne le plus, c'est ça. Je ne m'y serais jamais attendu », dit-il, le doigt pointé sur les résultats des deux premières questions.

La majorité de ses étudiants estime en effet que le gouvernement français n'est pas anti-américain, et considère que le peuple français est anti-américain. « Alors qu'il est évident que c'est l'inverse », s'amuse ce francophile qui se rend chaque année en France depuis 1965.

« Ils ne nous aiment pas », croient fermement les Américains à notre propos. Dean Foster, un consultant qui prépare des cadres américains à l'expatriation en France, sait que ce sera la première idée reçue à enlever de la tête de ceux qui doivent partir vivre dans l'Hexagone. Décider de partir en France, c'est s'attendre à en prendre plein la figure. Si un journal publie un reportage touristique sur la France, son auteur, dès les premiers paragraphes, fera le

Pour un Américain, décider de partir en France, c'est s'attendre à en prendre plein la figure.

Aparté

FLAGRANT DÉLIT

Pendant la convention des démocrates à Boston en juillet 2004, le chauffeur d'un bus transportant des journalistes s'est bêtement perdu. « Vous croyez qu'il est bourré ? » ont fait mine de s'inquiéter deux journalistes d'une chaîne de télévision française auprès d'un confrère américain. Celui-ci a feint de mettre en alerte ses lecteurs dans les colonnes de son journal : « On va bientôt voir en France un documentaire sur les problèmes d'alcoolisme des chauffeurs de bus aux États-Unis. »

décompte des remarques désagréables qu'il a eu ou non à essuyer (moins que prévu, conclut-il en général) puisqu'il est entendu que partir en France, c'est s'aventurer dans un environnement hostile.

Les Américains s'attendent à ce qu'on se repaisse de chacun de leur faux pas. À en croire la presse américaine, les Français ne s'en rendent pas toujours compte. Au printemps 2002, un chroniqueur du *Washington Post* dénonce la « ridicule persécution de Jean-Marie Messier ». « Les Français ne détestent pas seulement les Américains, semble-t-il. Ils détestent aussi les Français qui montrent des signes d'une contamination américaine. » Quant à J2M, poursuit l'édito, « il y a sans doute de bonnes raisons de le détester. Mais les Français semblaient vouer un culte à Messier jusqu'à ce qu'il déménage à New York ».

Pire, certains Français semblent se réjouir des infortunes américaines. La preuve en est, à leurs yeux, le succès alarmant de *L'Effroyable Imposture*, le livre de Thierry Meyssan qui prétend qu'aucun avion ne s'est écrasé sur le Pentagone le 11 septembre. Le triomphe du livre en France a fait la une du *New York Times*. « Si la

Le succès de *L'Effroyable Imposture* de Thierry Meyssan ? Incompréhensible !

Aparté

TOUR DE LANCE

Écœurés par les victoires de Lance Armstrong dans le Tour de France, les Français sont capables, relève la presse américaine, d'accuser le coureur de dopage, de porter des panneaux montrant des seringues sur son passage. Et, dans la foulée, d'encenser une victoire d'étape de Richard Virenque, le vilain dopé du Tour 1998 qui faillit faire couler toute la course. Un dessin du *New York Times* montrait un cycliste français tentant de mettre des baguettes dans les roues de l'Américain.

France était attaquée, est-ce que vous croyez qu'on verrait un livre aux États-Unis disant que c'est le fruit d'un complot du gouvernement français ? Est-ce que vous croyez que ce livre ferait partie des meilleures ventes ? », s'énerve Danielle Pletka, experte en questions de défense militaire à l'American Enterprise Institute (un groupe de réflexion conservateur) quand elle entend parler de la France.

Pas étonnant donc que Michael Moore soit devenu un héros en France ! Il n'aime pas les Américains ! Andy Borowitz, chroniqueur décapant, en a tiré une fausse dépêche pour *Newsweek* : « L'élan d'amour français pour Michael Moore a atteint son apogée aujourd'hui, quand Moore a arraché une première place controversée au Tour de France de cette année.
« La victoire stupéfiante de Moore dans la plus célèbre compétition de vélo du monde est particulièrement surprenante puisque que le réalisateur n'a jamais possédé de vélo, et n'est même jamais monté sur une bicyclette de toute sa vie. Sa victoire a été d'autant plus controversée que le Tour de France ne devait pas commencer avant le mois prochain.
« "En reconnaissance des contributions de Monsieur Moore au monde du cinéma et au monde en général, nous avons estimé que c'était la moindre des choses que de lui

Verbatim

L'anti-américanisme français est légendaire. « C'est dans leurs gènes ! », s'est plaint un parlementaire américain pendant le conflit sur l'Irak.

Verbatim

Mais si, on aime aussi les Américains… surtout version carte postale, quand ils roulent en vieille Cadillac sur la route 66…

donner un mois d'avance au départ", a déclaré Jean-Luc Bourdieu, le porte-parole du Tour. »

David Brooks, l'inventeur de la sociologie des « bobos », le conservateur de service parmi les éditorialistes du *New York Times*, remarque, dans son dernier livre, *On Paradise Drive,* que lorsque les Français déclarent leur flamme aux Américains, c'est pour des raisons qui confinent à l'insultant : notre affection pour ces grands enfants un peu simplets, toujours un pied à Disneyland, « leur appétit de tout, leur capacité à s'amuser bêtement ». Et, imaginant les Français en spectateurs devant cette Amérique en décapotable sur l'autoroute « de multiplexe en boutique de surf. Comme ils sont charmants ! Comme ils sont fous ! Les Américains sont tellement séduisants, insouciants, avec leur argent et cette vitalité ingénue ! ».

Les Américains n'aiment pas être pris… pour des Américains.

Brooks est chargé d'interviewer Bernard-Henri Lévy, à la bibliothèque de New York, en public. L'intellectuel qui devient de plus en plus souvent la voix française dans la presse américaine, vient d'achever un périple à travers les États-Unis sur les traces de Tocqueville. « On connaît votre regard à vous, les intellos français, commence David Brooks, vous arrivez, on vous prépare nos meilleurs salons, des mets raffinés, on fait des efforts pour sortir nos conversations les plus intelligentes, et vous nous demandez à voir un sosie d'Elvis. » Façon de dire que si, en France, nous racontons toujours la même Amérique vulgaire, c'est parce que nous cherchons toujours à voir la même, et pas exactement la plus nuancée. Et, en effet, BHL, qui semblait avoir écouté son interlocuteur distraitement, a pris la parole pour parler des États-Unis, de tout ce qu'il en avait vu : il avait été aussi dans le Tennessee, oui… Et, oui, à Memphis, il avait même vu la maison d'Elvis.

Du côté des élites, plus volontiers francophiles, on s'irrite de ce regard condescendant : les Américains n'aiment pas être pris, justement, pour des Américains. Voir le fiasco auprès des critiques de l'ouverture du premier restaurant d'Alain Ducasse à New York mis au pilori pour ses prix exorbitants dès l'ouverture.

Notre anti-américanisme, les intéressés le trouvent bien louche : hypocrites, selon eux, les attaques contre les États-Unis au nom d'un impérialisme culturel. Les Américains qui sont allés en France ont découvert, à leur stupéfaction, des émissions américaines sur les chaînes françaises et des McDo noirs de monde. La presse économique ne rate pas une occasion de rappeler qu'avec trois milliards de dollars engrangés en

Aparté

DUCASSE NOUS PREND POUR QUI ?

Dans la première version du nouveau restaurant new-yorkais d'Alain Ducasse, la carte des vins était scellée par un cachet de cire. Le dîneur avait le choix entre une douzaine de crayons pour signer son chèque. Des serveurs en gants blancs cisaillaient délicatement les herbes fraîches des infusions devant lui… Les critiques ont fusillé ces mises en scène ridicules. Pour qui nous prend-on avec un cirque pareil ? Comme si les Américains étaient trop ploucs pour apprécier la finesse d'un bon repas et qu'il fallait les assommer de tonnes de clinquant. « À des Français, Ducasse n'aurait jamais osé faire un affront pareil », réagit Gael Greene, critique du magazine *New York*. S'il essayait la ●●●

●●● même chose à Paris, les Français « le traîneraient à travers la ville jusqu'à la guillotine ». On efface tout et on recommence. Essex House, le restaurant de Ducasse, est toujours là. Certes, le critique du *New York Times*, Frank Bruni, a noté qu'avec un tel ballet de vaisselle, le budget « plonge » d'une soirée de semaine devait approcher celui de la production d'un film de Martin Scorsese. Et lorsqu'une olive est tombée un peu brutalement dans son verre de martini, il a vu le serveur accourir aussi sec à son secours, « aussi empressé qu'un gouverneur sur les lieux d'une catastrophe naturelle ». Mais le restaurant a trouvé des manières plus simples. Et avec un service moins flamboyant, il ravit les critiques.

2003, c'est en France que la chaîne de fast-food réalise son plus gros chiffre d'affaires européen. Les attaques contre les McDonalds sont bien dirigées contre les États-Unis. Elles n'ont rien d'une dénonciation de la malbouffe comme le prétendent les Français, puisque, selon un avocat américain qui est allé en France, « les franchises françaises de hamburgers ne sont jamais attaquées ».

Cet anti-américanisme supposé des Français prend la pose, à en croire quelques conservateurs cyniques comme Danielle Pletka, de l'American Enterprise. Elle accuse la France de tenir ces grands discours anti-américains en se rêvant capable de faire barrage aux États-Unis, alors qu'elle finit par s'aligner docilement sur les positions de la superpuissance, « comme un homme qui voudrait qu'on pense qu'il trompe sa femme alors que ce n'est pas le cas ». Pourquoi l'anti-américanisme en France ? Vu des États-Unis, parce que la France serait bien entendu amère de ne pas occuper la place des États-Unis. Pour beaucoup d'Américains, c'est très simple : si la France avait les moyens de leur pays, elle se comporterait probablement de la même manière. Voilà le seul autre pays qui a toujours l'ambition d'avoir une présence, une influence, dans le reste du monde, le seul autre pays à croire encore à sa mission civilisatrice. La France, cette naïve, veut encore croire, comme l'Amérique, que chacune de ses interventions améliorera le niveau de civilisation. Alors, pour exister, poursuit ce raisonnement couramment répandu, elle doit s'étaler en travers de la route des États-Unis. Envieuse et menacée par le pouvoir toujours grandissant de l'Amérique, la France serait capable de n'importe quel coup retors pour préserver son influence. C'est cela ou l'oubli.

La preuve en est cette manie des Français de se présenter en « contre-pouvoir » ou en « contrepoids ». En français, ces mots ont un son presque sympathique et suggèrent une dynamique. Pour un Américain, l'expression tient quasiment de l'hostilité assumée. Charles Krauthammer, dans un éditorial publié en dernière page du magazine *Time,* évoque « la politique française traditionnelle qui consiste à essayer de serrer la bride, à réduire et à domestiquer la plus grande puissance mondiale, pour que finalement des puissances secondaires comme la France puissent émerger en leaders d'un monde multipolaire ».

Et la perfide France contamine en cela ses alliés européens. Les Européens anti-Bush ont d'ailleurs

La France, cette naïve, veut encore croire, comme l'Amérique, que chacune de ses interventions améliorera le niveau de civilisation.

Aparté

ATTRACTION-RÉPULSION

Johnette, une jeune photographe new-yorkaise, se souvient de ses années étudiantes en France. Combien de soirées passées avec ses copains français qui « me saoulaient à critiquer les États-Unis en permanence, qu'ils accusaient d'exporter le mode de vie américain à travers le monde. Ils m'expliquaient ça, habillés de marques américaines de la tête aux pieds ».

Verbatim

"Combien de Français faut-il pour changer une ampoule ?", demande une blague. Réponse : "un seul, et l'Europe tourne autour de lui."

reçu le surnom de « Chirac & Co ». L'idée d'une défense européenne serait un projet français visant à contrecarrer le pouvoir américain. « La France essaie de bâtir l'Europe en opposition aux États-Unis », en conclut Richard Perle, ex-conseiller du Pentagone, qui se fait de plus en plus discret sur les vacances qu'il passe dans sa maison de Provence. « Ils nous utilisent comme une force galvanisante pour la construction de l'Europe. »

La version soft, celle des démocrates, consiste à croire, comme l'a dit au *Monde* Zbigniew Brzezinski, l'ancienne éminence grise de Jimmy Carter qui fait autorité en politique étrangère, que « fondamentalement, la France aimerait un monde dans lequel sa parole aurait un écho global, à travers une projection européenne ».

D'où le coup de dent du *Wall Street Journal* au moment de la grève du personnel diplomatique français en décembre 2003 : « Voilà une grève française que nous pouvons soutenir de tout cœur. Le monde mérite – non, a besoin de – moins de diplomatie française. »

Cette vision de la diplomatie française ne se cantonne pas aux *neo-cons* qui entourent George Bush. Antony Blinken, un ancien conseiller de la Maison Blanche de Bill Clinton, élevé en France, sait que continue à se répandre au sein de la classe politique américaine une « vision selon

laquelle l'action française à l'échelle internationale a pour but principal de miner l'influence américaine ».
En 2002, lorsque le parlementaire Dick Armey a pris sa retraite après 18 ans au Congrès, il a donné au *New York Times* son truc pour dissimuler sa méconnaissance des affaires étrangères. « Je n'ai jamais été bon en politique étrangère. Je n'ai jamais été fort dans ce domaine. Mais j'ai appris très tôt que si vous avez une discussion de politique étrangère, il suffit de dire quelque chose de désagréable sur les Français, et tout le monde croira que vous savez de quoi vous parlez. »

Alors que, contrairement au Royaume-Uni, à l'Espagne, à l'Allemagne, à la Russie ou au Mexique, la France n'a jamais été en guerre contre les États-Unis, elle reste le mauvais allié. « La France n'est pas seulement notre alliée irritante. Elle n'est pas seulement notre rivale jalouse. La France est en train de devenir notre ennemi », écrit Thomas Friedman, un éditorialiste habituellement plutôt modéré du *New York Times*, en septembre 2003. Charles Krauthammer, à nouveau lui, un régulier des grandes tirades anti-françaises, poursuit la même idée dans le magazine *Time* lorsqu'en juillet 2004, Chirac s'oppose à l'envoi des troupes de l'OTAN en Afghanistan : « C'était facile de se moquer des Français et de leurs prétentions pompeuses à la grandeur d'il y a un

La France reste le mauvais allié.

Aparté

UNE AMITIÉ LÉGENDAIRE

Nous sommes au musée de la Télévision, sur la 52e rue, à New York. L'INA et France Télévision sont venus présenter à un public new-yorkais choisi un petit film fort diplomate de trois quarts d'heure sur l'Amérique telle qu'elle a été montrée à la télévision française depuis un demi-siècle. Ah ! Joe Dassin chantant l'Amérique chez les Carpentier... Puis on arrive à des images plus récentes... « Nous aimons l'Amérique et nous aimons les Américains », dit Mitterrand. Éclats de rire dans la salle remplie d'Américains, pourtant francophiles. « Nous partageons les mêmes valeurs » déclare Chirac, déjà président, aux côtés d'un Bush récemment élu. La salle se tient les côtes de rire.

Aparté

VENDU !

À 78 ans, dans son 9e et probable dernier mandat de représentant au Congrès de l'État de New York, le parlementaire Amo Houghton s'estime à l'abri des sanctions politiques. C'est probablement une des raisons pour lesquelles ce républicain aux racines françaises a accepté, sur invitation de l'ambassade de France, d'animer un groupe de parlementaires au Congrès chargé de colmater les brèches franco-américaines. Vlan ! Il s'est aussi sec fait démolir dans le journal local par un adversaire qui l'accusait d'avoir « du mal à comprendre qui sont nos vrais alliés ». Le politicien a fait publier sa lettre de réponse. Il s'y justifie en rappelant qu'il a déjà accepté des missions du même type avec l'Allemagne ou le Japon... Autant dire qu'il en connaît un rayon en rapprochement avec l'ennemi !

demi-siècle, quand la perte de leur honneur sous Vichy, puis celle de leur empire, les ont relégués au rang de puissance de seconde classe. Mais ce n'est plus drôle. Avant le 11 septembre, l'anti-américanisme gaulliste de la France, forme d'auto-glorification ostentatoire était irritant. Avec la guerre – trois guerres en fait : l'Afghanistan, l'Irak et une guerre plus large contre le terrorisme –, l'obstructionnisme obstiné des Français devient dangereux et mortel. » Le Français, selon lui, se réjouit secrètement des échecs américains : « Lorsque la guerre en Irak a commencé, le ministre des Affaires étrangères français a refusé de répondre à un journaliste qui lui demandait quel camp il espérait voir gagner. »

La France, dans cette partie de l'imaginaire collectif, prendrait à ce point systématiquement le contre-pied des positions américaines qu'on en arriverait vite à l'idée que les intérêts français sont forcément contraires à ceux des Américains. D'où les huées que l'on a entendues dans les meetings lorsque George Bush, alors en campagne, promettait que « l'utilisation des troupes pour défendre l'Amérique ne serait jamais sujette à des vétos de pays comme la France ». (L'ambassade de France a passé un coup de fil à la Maison Blanche immédiatement. La formule a été remplacée par « à des veto de pays étrangers ».)

Les plus francophobes ont réécrit l'histoire pour en faire un pot-pourri de petites trahisons et de coups dans le dos. Sur la librairie en ligne Amazon, j'ai voulu commander un livre qui faisait couler beaucoup d'encre parmi les néo-conservateurs : *Our Oldest Enemy: A History of America's Disastrous Relationship with France* (« Notre plus vieil ennemi : l'histoire de la relation désastreuse de l'Amérique avec la France ») par John J. Miller et Mark Molesky. Après avoir mis le livre dans le caddie électronique d'Amazon, le navigateur du site m'a renvoyé un message : « Les clients qui ont acheté ce livre ont aussi acheté : *The French Betrayal of America* de Kenneth Timmerman. » Qu'à cela ne tienne, j'ai acheté les deux. De siècle en siècle, les deux livres font le portrait d'une malveillance congénitale à l'égard des Américains.

Une malveillance congénitale à l'égard des Américains.

Cette version revue et corrigée de l'histoire des deux pays a fait son chemin dans les talk-shows télévisés. Histoire sélective ! rétorque la diplomatie française. Les Français, fait remarquer un diplomate dans un écart de diplomatie, ont gommé tous les épisodes sombres de l'amitié franco-américaine. Paragraphes perdus dans la réécriture de la Seconde Guerre mondiale, les velléités de

Verbatim

“On a oublié que les États-Unis étaient entrés en guerre sur le tard pendant la Première et la Seconde Guerre mondiale, qu'ils nous avaient poignardés à Suez.”

Un diplomate, dans un écart de diplomatie

Franklin Roosevelt d'imposer une nouvelle monnaie et un gouvernement militaire sous autorité américaine à la France. Aujourd'hui, les Américains, tels les auteurs de ces deux ouvrages, préfèrent suivre les pointillés menant d'un sujet de discorde à l'autre : du Vietnam à la sortie de l'OTAN, du refus de la France de laisser survoler son territoire pour les raids contre Tripoli en 1986 à la guerre d'Irak. Et oublier le soutien des Français aux Américains contre les Anglais, leur rôle dans la fondation des États-Unis. Évidemment, aux Américains qui nous disent que sans eux nous parlerions allemand, on peut toujours essayer de dire que sans nous, ils parleraient, hé bien, anglais.

Particulièrement diabolisée, la tournée africaine du ministre Dominique de Villepin, en 2003, pour rallier les Africains du Conseil de sécurité à la position française. Des désaccords avec la France s'étaient déjà produits, vous expliquent les Américains. Mais que la France pût « militer activement » contre une position américaine était inédit.

Le problème n'était pas que l'Hexagone ne suive pas, mais qu'il fasse obstacle. « C'était une chose pour de Gaulle de faire une guérilla sans conséquence. C'en est une autre pour Chirac d'organiser une coalition contre une démarche américaine, de chercher à faire dérailler une coalition perçue comme indispensable à la sécurité de ses citoyens », explique un analyste politique. Oui aux coups tordus, non aux campagnes ouvertes.

Aparté

POUBELLE

La France systématiquement opposée à l'Amérique ? L'idée est en vogue dans les cercles néo-conservateurs. Mais, des déclinaisons édulcorées circulent aussi chez les démocrates. Charles Kupchan, un ancien conseiller de Clinton, spécialiste de la défense en Europe, raconte que cette vision des Français existait déjà à l'époque de son ex-patron : « Quand les Français envoyaient des dépêches concernant les opérations au Kosovo, les gens les jetaient. Il y avait une suspicion généralisée envers la diplomatie française. L'attitude consistait à dire que si ça venait de France, ça devait être pour saper le pouvoir américain. »

Conséquence du différend de 2003 sur l'Irak, le ressentiment face à une France qui s'est révélée une alliée médiocre n'est plus seulement limité au Pentagone, mais a touché l'ensemble de la population. Malgré le réchauffement de début 2005, l'institut de sondage Gallup note que 2 % des Américains considèrent que la France est « le pays du monde le pire ennemi de l'Amérique aujourd'hui », autant que la Syrie ou la Russie. Et, note Gallup, « aucun autre pays européen n'est même mentionné ». (Pour atténuer la gifle, l'institut relève que 2 % des sondés ont répondu que les États-Unis étaient leur pire ennemi.)

Pour les francophobes, les trahisons de la France sont d'autant plus inacceptables que le pays est supposé être l'allié de toujours. À l'époque du *French bashing*, les Allemands étaient politiquement alignés avec les Français. Ils étaient même un poil plus radical : à l'été 2002, le chancelier Schröder avait prévenu – c'était même l'une de ses promesses de campagne – qu'il n'interviendrait pas militairement en Irak, même avec l'aval des Nations unies. Jamais l'Allemagne n'a été la cible du même fiel. Ni boycott des BMW, ni bouteilles de schnapps

Oui aux coups tordus, non aux campagnes ouvertes.

Verbatim

27 % des Américains estiment que la France est un ennemi dans la guerre contre le terrorisme. Seulement 18 % jugent que c'est un allié, et 48 % nous voient quelque part entre les deux.

Sondage de l'institut Rassmussen d'août 2004

Aparté

DEUX POIDS DEUX MESURES

En reportage dans une petite ville de garnison près de Savannah, avec Thomas Legrand de RTL, peu après la chute de Bagdad, on s'arrête pour déjeuner dans une taverne allemande. Derrière le bar s'affaire Stephanie, une jeune Allemande arrivée là après avoir épousé un militaire américain. Si la taverne a été boycottée au moment des tensions sur l'Irak ? Elle rigole. Quand l'Allemagne avait la même position que la France en Irak, ses clients venaient aussi nombreux dans son restaurant bavarois, mais mettaient un point d'honneur à ne pas commander de *French fries.*

déversées en fanfare dans les cabinets. « Les Américains, relève Gallup, n'ont jamais considéré que l'Allemagne était hostile aux États-Unis comme l'était la France. En mars 2003, 70 % des Américains considéraient que l'Allemagne était un pays allié ou ami, comparé à 56 % seulement pour la France. »
« C'est parce qu'on n'attend rien des Allemands », m'expliquait l'opérateur du site FranceStinks.com (la France craint). *Touchééé.*

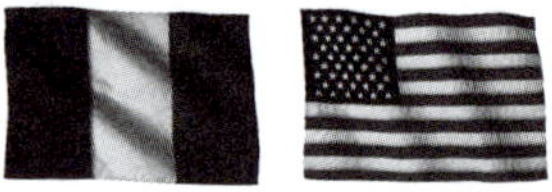

CHAPITRE 3

La France, quelle France ?

Un statut surdimensionné

Verbatim

“Les Français me font penser à une vieille actrice des années 40 qui compte sur son apparence pour se faire inviter à dîner mais n'a plus le visage adéquat.”

John McCain, sénateur d'Arizona ancien prétendant républicain à la présidentielle

Bien sûr, quelques îlots francophiles demeurent, essentiellement sur la côte est. Les universités regorgent d'intellectuels envieux du statut que leurs homologues ont gardé en France, où la culture populaire n'est pas anti-intellectuelle comme aux États-Unis. « Ils adorent étudier la France », dit un prof d'histoire de ses confrères américains sous l'impression qu'il y a plus de livres sur l'histoire de France publiés aux États-Unis qu'en France, « pour la qualité de leurs archives et puis parce que c'est agréable d'aller étudier en France. »

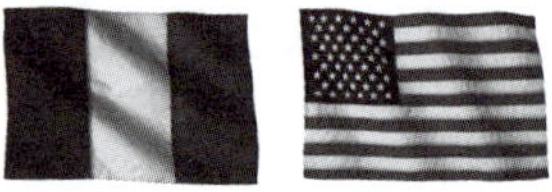

Mais quand j'explique aux États-Unis que je travaille à comprendre le regard des Américains sur les Français, je vois des sourcils se soulever, interrogateurs. « Ah parce qu'il y a une perception de la France ? » À l'exception des élites francophiles des deux côtes, le reste du pays, jusqu'au *French bashing* de 2003, ne pensait franchement pas grand-chose de la France. Selon une enquête du *National Geographic* publiée en 2002, deux jeunes Américains de 18 à 24 ans sur trois sont incapables de placer la France sur une carte.

La France ? Quelle France ? Amo Houghton, le républicain chef du groupe d'amitiés franco-américaines au Congrès, a trouvé sur son bureau un autocollant lui rappelant que la superficie du Texas était supérieure à celle de la France. C'est l'arme préférée des francophobes de Washington : rappeler que ce pays n'a pas compris que son influence est périmée, qu'il ne représente plus rien, qu'il n'existe plus. *Passéé !*

« La France prétend au statut de grande puissance, mais elle ne l'est plus depuis 50 ans », écrit encore Charles Krauthammer, l'éditorialiste du *Washington Post*.

Pour décrire cette France qui réclame plus d'attention qu'il ne lui en est dû, Adam Gopnik, longtemps correspondant à Paris du *New Yorker*, évoque le spectacle des dix minutes d'illumination de la tour Eiffel à la tombée de la nuit. « Comme une octogénaire de la haute société habillée en lycra et remuant les hanches ; ça fait plaisir de savoir qu'elle peut le faire pour le réveillon du nouvel an, mais vous ne tenez pas vraiment à ce qu'elle le fasse tous les soirs. »

Un anachronique pouvoir de blocage au Conseil de sécurité serait le seul argument dont la France pourrait se targuer pour se faire croire qu'elle peut jouer dans la cour des grands. « La seule chose qu'il reste à la France, c'est son droit de veto », persifle un Américain installé en France depuis une quinzaine d'années (mais qui ne veut pas que j'uti-

Un pays dont l'influence est périmée, un pays insignifiant mais nostalgique de sa gloire passée.

Aparté

C'EST QUI, LA DAME DES INVALIDES ?

Avant de prendre l'avion pour les cérémonies de commémorations du D-Day de Normandie, Pat Macri, un vétéran de la Seconde Guerre mondiale, et sa femme sont excités comme des puces. Ça fait des semaines qu'ils préparent leur voyage. Ils vont pouvoir voir leur président George Bush, et le président français... Attendez, son nom va me revenir... Comment s'appelle-t-il déjà ? Et Kathleen Dedick, infirmière pendant la bataille des Ardennes, après avoir reçu sa Légion d'honneur des mains de Michèle Alliot-Marie, s'approche de moi et me murmure à l'oreille : « C'était qui cette dame qui est passée devant nous tout à l'heure aux Invalides ? »

lise son nom pour ne pas couler les affaires de son usine de petits gâteaux). Thomas Friedman, l'éditorialiste du *New York Times*, a suggéré dans un billet provocateur de réattribuer à l'Inde le siège de la France au Conseil de sécurité.

Une prof de français dans l'Indiana me raconte qu'« ici, on voit la France comme un pays dont l'influence est périmée », un pays insignifiant mais nostalgique de sa gloire passée. Finalement, perdus dans leur condescendance, certains ont été surpris que la France ait finalement encore une capacité de nuire.

La France joue un rôle différent. Même si elle agace, elle existe.

L'acharnement à vouloir remettre la France à la petite place qui est supposée être la sienne n'indique-t-il pas justement qu'elle reste plus présente qu'elle n'aurait de raisons de l'être ? Tom Bishop, l'ancien directeur de la chaire de littérature et civilisation françaises à New York University, se souvient de la première guerre du Golfe. « Avant l'entrée en guerre, les médias et les commentateurs politiques se demandaient ce qu'allait faire la France. Personne ne se demandait ce qu'allaient faire l'Italie ou l'Espagne. »

Lors des funérailles de Ronald Reagan, les télés américaines relèvent l'absence de Jacques Chirac pourtant

Verbatim

"Parfois, j'ai l'impression qu'ils [mes adversaires] pensent qu'il n'y a pas de coalition tant que les Français n'en font pas partie."

George Bush en pleine campagne de réélection, un an après l'engagement en Irak

aux États-Unis la veille pour un sommet du G8. Bill O'Reilly, l'animateur de Fox News dont le bouton anti-français est toujours à demi-enclenché, s'emballe immédiatement. « Imaginez si le président Bush était en Normandie et qu'un ancien président français mourait et que Bush fiche le camp ? » L'absence de Poutine ou celle du Premier ministre japonais, présents au même G8, ne sont même pas commentées.

De la même manière, en 1995, le *New York Times* publie un article sur le naufrage de la culture française (« *Where is the glory that was France ?* » par Alan Riding). Le papier alarmiste énerve les francophiles égarés dans les universités. « Le quotidien n'a et n'aurait jamais publié un article équivalent sur un autre pays », relève Tom Bishop. Pas de double page consacrée à s'interroger sur un effondrement de la culture allemande, japonaise ou italienne. La France joue un rôle différent. Même si elle agace, elle existe. La France, propulsée chef de file des opposants pendant le différend sur l'Irak, en a finalement tiré un certain profit politique.

Cette contrepartie du désagréable *French bashing*, c'est l'attention accordée désormais aux positions françaises. Depuis, lorsque les médias américains, les hommes politiques, les commentateurs de tous bords se demandent ce que pense le reste de la planète sur n'im-

Aparté

À L'ÉCHAFAUD

Gros plan sur une guillotine. « Ça ne va pas vous tuer d'aimer les Français pendant deux heures. » Le slogan de la campagne de pub de History Channel était étalé dans la presse, à la télé, sur les flancs de bus. Avec, sur la version vidéo, quelques gouttes tombant de la guillotine du décor. Impossible d'imaginer que l'on puisse remplacer « les Français » par n'importe quels autres citoyens du monde sans se voir accusé de racisme. Mais finalement, la chaîne du câble a fait tous ces efforts publicitaires pour la promotion d'un programme consacré à la Révolution française, à une heure de grande écoute.

Verbatim

“Paradoxalement, la droite américaine alterne entre un *French bashing* obsessionnel et des appels à ignorer la France, petit pays en déclin qui n’a plus pesé sur les affaires du monde depuis 200 ans. Apparemment sans réaliser la contradiction entre les deux discours.”

Ceteris Paribus, blogueur anonyme

porte quel sujet, l’avis de la France, pays facilement identifiable, est régulièrement cité en premier, presque comme une référence de l’autre monde occidental.

Sa manière de vivre fait aussi l’objet d’attentions privilégiées. « La page 3 du *New York Times*, je l’appelle la page France. Il y a toujours un papier pour raconter comment on vit là bas », rigole Tom, un Américain. Prenons les voisins allemands : seuls les événements économiques de leur pays sont relayés dans la presse américaine. Le reste est ignoré, ou traité par des références tirées par les cheveux à l’histoire nazie (« On publie des papiers comme : “Les Allemands, malgré leur passé nazi, roulent désormais avec des voitures à phares blancs” », raille une journaliste américaine dans un dîner trop arrosé).

L’avis de la France est régulièrement cité en premier, presque comme un point de repère de l’autre monde occidental.

À la télévision, la France a aussi hérité d’un curieux piédestal. Lorsqu’une série télé veut doper son audience le temps d’un épisode, elle crée un épisode spécial où toute la famille (ou la bande de copains) fait un voyage à Paris (pour être honnête, elle peut aussi, parfois, aller à Las Vegas, Hawaï ou

Disneyland). C'est le raccourci télé pour promettre qu'il va s'y dérouler des choses plus excitantes que dans les épisodes ordinaires, la promesse d'un monde différent, dépaysant, riche en tentations.

Lorsque les très populaires séries *Friends* et *Sex and the City* sont arrivées en dernière saison, la presse télé retenait sa respiration quant à ce que réserveraient les derniers épisodes. Les scénaristes des deux séries ont eu la même idée d'expérience hors limite : et si notre héroïne quittait New York pour Paris ? Faut pas exagérer, ont répondu les scripts. Après que la promesse d'une vie parisienne leur a fait tourner la tête, Rachel et Carrie ont finalement la présence d'esprit de rester à New York. La France, d'accord, mais seulement dans nos rêves.

Aparté

LIFESTYLE

La France, avec une population inférieure d'un tiers à celle de l'Allemagne, est couverte dans la presse américaine pour tous les enchantements du quotidien. C'est magnifique !
Des Français qui combattent le spleen hivernal avec des lampes à bronzer au traitement des chiens dans les grands hôtels français en passant par les astuces pour affronter la saison des soldes.
Aucun pays européen n'obtient autant d'attention pour un *French savoir vivre* qui, à lire le journal, semble en France un enchaînement de concours de galettes des rois et de cours de strip-tease à la Samaritaine.

CHAPITRE 4

Singes capitulards

Les Français savent-ils se battre ?

Verbatim

"Pourquoi ne tirent-ils pas de feux d'artifices à EuroDisney ?" "Parce qu'à chaque fois qu'ils en tirent, les Français veulent se rendre."

"Pourquoi les Français ont-ils planté des arbres sur les Champs-Élysées ?" "Pour que les Allemands puissent marcher à l'ombre."

Blagues sur Internet

Au printemps 2003, au moment du différend sur l'Irak, les blagues anti-françaises pleuvent sur Internet, asphyxiant les boîtes e-mails au rythme des offres pour acheter du Viagra *online*. La plupart d'entre elles recyclent le thème des Français couards et inaptes au combat, avec en illustration magistrale l'aplatventrisme devant les troupes allemandes. Interviewé à la même époque sur une chaîne d'info en continu, Jed Babbin, un sous-secrétaire au département de la Défense du gouvernement de Bush père explique qu'« aller à la guerre sans les Français, c'est comme aller chasser le daim sans emporter d'accordéon. Vous laissez les bagages inutiles et bruyants derrière vous ».

Le bon mot circule sur Internet, raccourci à la première phrase pour illustrer l'inutilité d'un soutien militaire français, histoire de lui donner plus de poids. On l'attribue alors au général héros de la première guerre du Golfe Norman Schwarzkopf, ou au secrétaire à la défense Donald Rumsfeld, enfin à n'importe qui présenterait un peu plus d'aura militaire qu'un illustre inconnu comme Jed Babbin.

Dans l'élan, un groupe conservateur organise un concours de « aller à la guerre sans les Français, c'est comme... » Parmi les réponses, « c'est comme planifier le débarquement en Normandie sans Yves Saint Laurent ». Les comiques des talk-shows du soir en rajoutent des brouettes pleines. « La dernière fois que les Français ont demandé plus de preuves, elles sont arrivées dans Paris avec un drapeau allemand », persifle David Letterman à propos des réticences des Français à entrer en guerre contre l'Irak. Sur NBC, Jay Leno feint d'être surpris par ceux qui sont choqués à l'idée que les Français n'aident pas les États-Unis à débarrasser l'Irak de Saddam Hussein. « Après tout, la France ne nous a pas aidés à débarrasser la France des Allemands. » C'est un puit sans fond.

La plupart de blagues anti-françaises recyclent le thème des Français couards et inaptes au combat.

Le conservateur *New York Post* publie la lettre d'un lecteur : « En tant qu'Américain je ne pourrais pas être plus heureux à l'idée que les Français ne se battent pas à nos côtés pour désarmer Saddam. Notre objectif est de gagner, pas de nous rendre. »

C'est la petite plaisanterie populiste à la disposition des politiciens à court d'humour. Le différend sur l'Irak a beau avoir été enterré, elle tourne toujours. Roy Blount, un député républicain du parlement du Missouri fait pouffer l'assemblée lors de la convention de son parti en 2004 : « Quelqu'un m'a parlé l'autre jour d'une mitraillette de l'armée française en vente sur eBay. La

Verbatim

"Lance Armstrong vient de gagner son cinquième Tour de France. Cela veut dire qu'il a maintenant plus de victoires en France que l'armée allemande."

L'humoriste Jay Leno, sur NBC

description était : “n’a jamais tiré. Tombée une fois.” » Dans le Kentucky, à un dîner républicain, un élu local propose de faire une démonstration de salut militaire français, et lève les deux bras. On s’esclaffe dans la salle.

Même John Kerry, malgré son CV de héros patenté du Vietnam, a fait les frais de cette francophobie ambiante. Le candidat démocrate à la présidentielle de 2004 est un vétéran décoré du Vietnam. Comment peut-il concilier francophonie et passé militaire héroïque ? Jay Leno enfonce le clou. « Vous savez, John Kerry parle français couramment. Vous le saviez ? Les démocrates disent de Kerry que des hommes comme ça, on n’en trouve qu’un sur un million. Hé.. un héros de guerre qui parle français, il y en a qu’un parmi mille milliards, non ? » Consternant ? Malheureusement, les talk-shows du soir constituent de bons baromètres des connaissances courantes de l’Amérique. Les plus de 100 000 morts de la campagne de mai 1940 ont été balayés, et l’idée que la France ne représente qu’une puissance militaire mineure est désormais communément acceptée.

Au Congrès même, beaucoup ignorent que la France est au côté des Américains en Afghanistan pour traquer les combattants d’Al-Qaeda.

Verbatim

“Le ministre de l’Intérieur français a annoncé qu’en conséquence des attentats en Espagne le niveau d’alerte de sécurité en France a été élevé de « Partez en courant » à « Cachez-vous ». M. Lafontaine a ajouté que si les attaques continuaient, le niveau d’alerte passerait à « Rendez-vous et collaborez ».”

Blague internet

Les blagues font rire tout le monde. Sauf les profs d'histoire, qui comme Mel Edelstein s'inquiètent de voir l'Histoire revue et corrigée à coup de plaisanteries démagos. « L'une de celles que j'ai reçues dit : "Combien de Français faut-il pour défendre Paris ? Personne ne sait. On n'a jamais essayé." Et la Commune, alors ? » Alors, il a distribué à ses étudiants des questionnaires à remplir sur leur vision de l'Histoire de France. « C'est intéressant l'ignorance ! », s'exclame-t-il en montrant une feuille sur laquelle un étudiant a écrit que les Français n'avaient jamais voulu se battre, y compris pendant la Première Guerre mondiale. « Les jeunes Américains n'ont aucune idée du massacre qu'a été la Première Guerre mondiale. » Il s'interroge. « Je ne sais pas qui a répandu l'idée que les Français étaient des lâches, qui a répandu cette réécriture de l'Histoire. »

Et cela n'est pas qu'affaire de MTV Generation décérébrée. Un quadragénaire Américain parti en vacances en France me dit être tombé des nues en découvrant les Invalides et, de visite en visite, l'histoire militaire de la France. « J'ai du mal à réconcilier ça avec l'attitude américaine actuelle qui consiste à considérer les Français comme des lopettes. » Au Congrès même, beaucoup de parlementaires ignorent que la France est au côté des Américains en Afghanistan pour traquer les combattants d'Al-Qaeda.

Aparté

Ces blagues de potache ont laissé des traces. J'en ai trouvé des échos jusque dans un petit journal du Nebraska. Le quotidien dressait le portrait d'un jeune de la région envoyé à la prestigieuse académie militaire de West Point. Le pauvre garçon s'appelait French, Cory de son prénom. Le journal raconte : « Alors qu'ils commencèrent leur formation, le patronyme de French attira rapidement l'attention d'un supérieur. "French ? Pas suffisamment bons pour se battre à la guerre, mais vous estimez que vous pouvez venir ici ?" »

Aparté

NPAI

Au plus fort des tensions sur le dossier irakien, l'ambassade de France à Washington reçoit le magazine *Newsweek* avec une curieuse étiquette. Quelqu'un a souscrit un abonnement à l'adresse : « Ambassade de France – Vichy – Allemagne ».

Cette image de poules mouillées munichoises est telle que Jean-David Levitte, l'ambassadeur français à Washington, se croit obligé, lorsqu'il sillonne l'Amérique de rappeler de conférence en conférence que l'histoire de l'Hexagone s'est bâtie dans l'hémoglobine. Inutile de prêcher sur les côtes francophiles, mais aux journalistes d'un quotidien du Wisconsin (un de ces États qu'on arrive à placer sur la carte après dix ans aux États-Unis), il pose la question : « Au-delà de la guerre contre le terrorisme, qui se souvient que la France a participé à la première guerre du Golfe ? Qui sait ou se souvient que nous étions avec vous en Afghanistan dès le début ? Qui sait que nous maintenons encore des troupes en Afghanistan ? » Ses interlocuteurs restent interdits.

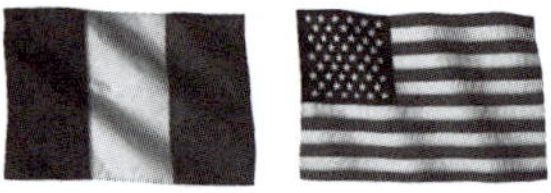

D'où vient cette réputation ? Pour l'historien Irwin Wall, la France n'a jamais obtenu l'estime des Américains parce que la France n'a jamais été en guerre contre les États-Unis. « On s'est battu contre l'Allemagne, ça crée une sorte de respect pour l'ennemi. » Encore une piste. Et si cette vision minimaliste de la puissance militaire française était un retour de balancier, une réponse à ce qui est perçu aux États-Unis comme une exagération du rôle de la France pendant la Seconde Guerre mondiale ? Bien que choqué par les blagues sur les Français capitulards, Mel Edelstein, le prof d'histoire, n'a pas pu s'empêcher de sourire en passant à Toulouse devant la statue de De Gaulle pas loin du Capitole. « Il a libéré la France, veulent croire les Français. Alors que oui et non. Sans les alliés, ça aurait été difficile. »

De Gaulle n'a pas de stature de héros aux États-Unis. Le débarquement se traduit rarement en anglais par *landing*, comme on l'a entendu dans les discours des sommités françaises pendant les commémorations, mais par *invasion* : dans les manuels d'histoire américains, le chapitre de juin 1944 s'appelle « Les alliés envahissent la France ».

Au mythe gaulliste d'une France libérée par la Résistance, est venu répondre celui d'une France collabo de bon cœur. Les francophobes prennent plaisir à rappeler à la France les passages les plus embarrassants de son histoire pendant la Seconde Guerre mondiale. Bien sûr, les militaires américains apprécient les qualités de l'armée française. Mais pour le grand public, rien ou presque n'a changé depuis la capitulation de la France devant l'Allemagne. Michael Kelly, un journaliste américain décédé en Irak se référait dans le *Washington Post* au « ministre français des Affaires étrangères dont le nom est Pétain, Maginot ou quelque chose comme ça. »

Dans les manuels d'histoire américains, le chapitre de juin 1944 s'appelle « les alliés envahissent la France ».

Verbatim

"On a donné à la France un siège permanent au Conseil de sécurité pour préserver la fiction selon laquelle une France héroïque a fait partie de la grande alliance anti-nazie."

Charles Krauthammer (à droite toute), dans une chronique du *Washington Post* à l'époque du différend sur l'Irak à l'ONU.

Aparté

NÉGOCIONS !

Dans *Mars Attacks,* le film de Tim Burton de 1994, lorsque les Martiens attaquent la Terre, les conseillers militaires du président américain le poussent à une riposte nucléaire. Le président français – Maurice – l'appelle. Il lui conseille de faire comme lui : signer des accords négociés ! Il termine à peine sa phrase qu'il se fait atomiser par les Martiens. Autant pour l'approche française des conflits.

De Vichy aux discussions avec l'OLP des années 1970, survit l'idée que les Français sont prêts à n'importe quel compromis pour protéger leur sol et les vies de leurs militaires. La conseillère de Bush, Condoleezza Rice, a ainsi justifié que le gouvernement américain n'ait pas tenu compte de l'opposition de la France. « Je me souviens que le ministre des Affaires étrangères avait dit, essentiellement, qu'il n'y avait pas de résolution pour laquelle ils pourraient voter qui mènerait à la guerre. Bien, à ce moment là, vous devez prendre une décision. »

N'allez pas croire que cette idée de la France soit réduite à un Bushland revanchard après le différend sur l'Irak. Dans la classe politique, y compris dans le camp démocrate, beaucoup sont convaincus que la France ne serait jamais entrée en guerre en Irak quoi qu'ait fait Saddam Hussein.

BILL O'REILLY, LE FRANCOPHOBE EN CHEF

Bill O'Reilly est un grand type aux yeux bleus, dont on ne s'attend pas à ce qu'il vous dise, implorant, à la fin d'une interview « Ne soyez pas trop méchant avec moi ». Inattendu de la part de quelqu'un qui interrompt ses invités d'un « La ferme ! » et les traite de gros menteurs quand il n'est pas d'accord avec eux.

Parler vrai ou cassage de gueule en règle selon les sympathies politiques du téléspectateur, son émission populiste a permis à Fox News de battre CNN dans la course à l'audience. Michael Moore monté à l'envers, Bill O'Reilly se targue comme lui de représenter l'Amérique des petites gens. Il a quelques têtes de turcs qu'il dézingue au gré de son émission de télé, son talk-show radio et ses éditos repris par des quotidiens régionaux : Hollywood, Alan Greenspan, la gauche, le pape, et, surtout, les Français. Déchaîné contre l'Hexagone depuis le différend sur l'Irak, il a été l'instigateur d'une grande campagne de boycott qui a fait plus de bruit que de mal.

Mais bien avant le contentieux sur l'Irak, l'homme était en rodage francophobe. Jérôme Godefroy, alors correspondant de RTL à New York, avait été invité de son émission en juillet 2000. Le titre du show ce jour là était sans ambiguïté : « Pourquoi les Français détestent les Américains ». C'était à l'époque où José Bové avait démoli le McDo de Millau. Jérôme se souvient avoir été poussé dans le studio sans préparation. « O'Reilly est face à moi, faussement aimable. Et ça commence : "Pourquoi nous détestez-vous ?" Je réponds que c'est plus compliqué que ça, qu'il ne s'agit pas de haine, mais de différences historiques et culturelles. Je tente de dire que nous ne voulons pas forcément d'un monde uniforme où les films, la musique et la nourriture seraient les mêmes pour tous. Il me renvoie McDonald's dans la figure, souligne que personne ne force les Français à manger des hamburgers et pourtant ils le font en masse. Je sens que je perds pied. Je bredouille. Il est trop fort pour moi. Il m'humilie avec un tombereau de mauvaise

« Pourquoi nous détestez-vous ? »

foi. Il a des fiches. Il a des phrases toutes prêtes. Moi, je n'ai rien. L'estocade, c'est le débarquement de 44. "Pas très reconnaissants, les Français. Pourtant vous étiez contents de voir arriver nos petits gars en Normandie !" Je bats en retraite en remerciant l'Amérique. Je tente de dire : "Le Soldat Ryan ne doit pas tout justifier jusqu'à la fin des temps de la part des États-Unis". Mais c'est trop tard. O'Reilly me coupe. Il me remercie avec un sourire satisfait. Il a crucifié un Français devant les caméras. Je sors tout penaud. »

Jean-David Levitte, l'ambassadeur de France aux États-Unis, diplomate très diplomate, a fini par presser O'Reilly de cesser ses attaques anti-françaises. « D'accord, à condition que vous envoyiez des troupes en Irak », lui a répondu l'animateur de talk-show qui ne doute pas de ses pouvoirs politiques. Évidemment, les diplomates français ne vont pas se suicider chez O'Reilly. L'attachée de presse de la mission française à l'ONU n'osait même pas rappeler Fox News quand la chaîne lui laissait des messages, de peur qu'on lui arrache des mots au téléphone. Alors, faute de diplomates disposés à passer au presse-briques, O'Reilly compte sur des journalistes pour défendre la France. Philippe Coste, l'érudit correspondant de *L'Express*, y est allé. « Avec nous, le Français le plus courageux de tous ceux aux États-Unis », a lancé Bill O'Reilly en guise de présentation. La chaise du journaliste français était posée sur une estrade. Les deux pieds arrières à quelques centimètres du vide. « Ne bougez pas et tout se passera très bien », lui a dit une assistante. C'était à l'époque du différend sur l'Irak. Philippe Coste a essayé d'expliquer que les États-Unis, aussi, s'étaient déjà lancés dans des grandes manœuvres diplomatiques pour essayer d'influencer les votes au Conseil de sécurité de l'ONU. Pour des mots un peu compliqués – « anathème » ou « île Maurice » – le transcript de l'émission indique « incompréhensible ». À la fin de l'interview, Bill O'Reilly remercie Philippe d'être moins poltron que tous ces Français. « Vous êtes un type courageux, monsieur Coste, et nous apprécions votre point de vue. » L'interview se termine par : « Merci, dommage que... »

« Il a crucifié un Français devant les caméras. Je sors tout penaud. »

2e PARTIE

Ces Français qui nous fascinent

(mais il ne faudrait pas trop qu'ils en rajoutent)

Verbatim

“Il ne s’y connaît pas plus en économie qu’une femme en carburateur.”

Franklin Roosevelt à propos du général de Gaulle

Pour le meilleur ou pour le pire, la France est une femme. D’humeur conciliante pour les cérémonies du quarantième anniversaire du débarquement, George Bush raconte l’histoire d’une petite Normande aux champs, rentrée en courant à son village pour prévenir les habitants de l’arrivée des Américains. Dans la joie du moment, elle avait aussi rencontré un beau GI. C’est aussi ça l’histoire des relations entre la France et les États-Unis, conclut le président, pressé d’envoyer des signes de rapprochement entre les deux pays alors que son adversaire John Kerry l’accuse d’avoir coupé les liens des États-Unis avec leurs alliés.

Évidemment, il y avait statistiquement moins de chances que Bush raconte l’histoire d’une infirmière américaine de l’US army qui aurait eu le béguin pour un fermier normand. Reste que dans ces récits de démêlés conjugaux franco-américains, c’est toujours à la France de jouer la femme. Une vieille actrice, disait le sénateur John McCain.

Dans l’imaginaire américain, nous sommes le pays de la haute couture et de Guerlain, pas des Exocets et de Saint-Gobain.

Paris est une blonde, et la France aussi. Dans l'imaginaire américain, nous sommes le pays de la haute couture et de Guerlain, pas des exocets et de Saint Gobain.

Ce croquis serait charmant, s'il ne risquait aussi d'être une manière de discréditer la France sur les questions « sérieuses ». Comme lorsque Hubert Védrine critique la formulation de « l'axe du mal » de George Bush et que Colin Powell balaie la remarque du ministre des Affaires étrangères d'alors en disant qu'il a « ses vapeurs ». Féminiser la France, c'est aussi laisser entendre qu'elle séduit, la *coquette**, plutôt que d'avoir des arguments convaincants. En matière de relations internationales, c'est l'accuser d'une politique irrationnelle, changeante, superficielle.

D'ailleurs, lorsque pendant la campagne 2004, le camp Bush tente de faire de John Kerry le candidat des Français, les Républicains le présentent comme une femmelette, rappelant les termes qu'il a employés pour parler de la défense nationale : « nuance », « politique sensible », « douceur ». À la Convention du parti républicain, les délégués ont eu droit à la projection d'une vidéo montrant un petit caniche affublé d'un petit nœud rose : « Fifi Kerry ». Décidemment pas un homme, ce Kerry. Vous a-t-on dit d'ailleurs qu'il ressemblait à un Français ?

* *In French in the text.*

Aparté

THÉRAPIE CONJUGALE

Pour minimiser les accrochages entre la France et les États-Unis sur l'Irak, le secrétaire d'État de l'époque, Colin Powell, a, sans citer explicitement la France, parlé de cet ami « avec qui nous consultons un conseiller conjugal non-stop depuis 225 ans. Pourtant le mariage est intact, reste solide, capable d'endurer n'importe quels différends grâce à nos valeurs communes. »

Chapitre 5

Oulala...

La frivolité élevée au rang d'art majeur

Verbatim

“Il déteste l’Amérique, il aime avoir des maîtresses et il porte un béret. Il est Français.”

Conan O’Brien, animateur de fin de soirée à propos de Saddam Hussein

Paris, France. 21 mai 1927. Le *Spirit of Saint-Louis* atterrit au Bourget. Charles Lindbergh vient de réussir le premier vol solo transatlantique. Il donne une conférence de presse à l’ambassade des États-Unis à Paris. Première question. « Qu’est-ce que vous pensez des Parisiennes ? »

Paris, Las Vegas, Nevada. « Je vois la tour Eiffel », crie mon voisin d’avion à sa mère à l’approche de Las Vegas. Vu de l’extérieur, c’est la tour Eiffel qui permet d’identifier le Casino Paris. À l’intérieur, c’est la romance.

« Des milliers d’opportunités de faire l’expérience de l’AMOUR », disent les affiches du Casino Paris. En lettres rouges, annoncées par des posters gros plans de bas résilles, la boîte de nuit RISQUEEE. « Pas de mariage sans autorisation », disent très sérieusement les tickets vendus 9 dollars pour l’ascension de cette tour Eiffel de casino, craignant que des couples ne puissent résister à l’appel du décor parisien. Ceux-là sont priés de prendre un autre ascenseur pour le deuxième étage du Casino. Entre les tables de jeux du premier et la piscine du troisième, une « chapelle » y a été aménagée pour les passages de bague au doigt. L’amour, c’est notre fond de commerce.

Vu des États-Unis, les Français ont la séduction dans la peau. Les Françaises, ces *femmes fatales**, sont naturellement sexy. Elles ont ce *je ne sais quoi**. Et

* *In French in the text.*

Woody Allen, à Paris pour les débuts de son film *Melinda and Melinda* d'expliquer aux journalistes : « Si vous tournez une scène de séduction et que l'homme emmène la femme dans un restaurant éclairé aux chandelles, il ne commandera jamais une bouteille de vin de Californie, ça ferait rire tout le monde. » Selon lui, ce vin-là « sera toujours français ».

Le Français est né amoureux, vit pour s'enflammer. C'est « le passe-temps le plus célèbre de Paris : tomber amoureux », écrit le *New York Times* dans un article pourtant consacré aux ruches installées au dessus de l'Opéra Garnier. « Les Français ont un nom pour ça : l'amour fou », explique Docteur Melfi, la psy des *Sopranos*, à un Tony surpris par la violence des sentiments de sa maîtresse dans un épisode justement nommé « L'amour fou » (« le moufou », retient ensuite Tony).

Où a-t-on pu décrocher une réputation pareille ? J'ai voulu interroger une professionnelle. Non, pas une professionnelle comme ça. Mais Trish McDermott dont la carte de visite annonce « Vice-présidente Romance ». Trish travaille pour le site Internet de rencontres Match.com. La réputation des Français la laisse perplexe. « Je ne sais pas pourquoi on

Vu des États-Unis, les Français ont la séduction dans la peau. Les Françaises, ces femmes fatales, sont naturellement sexy.

Aparté

LA LANGUE DE L'AMOUR

Dans la série télé *Addams Family*, Madame parle à Monsieur en français pour le mettre dans tous ses états. « Pour nous, entendre une femme parler français, même si elle lit un catalogue de vente par correspondance, il n'y a pas plus sexy », me confie un Américain. Plutôt que « darling », Ed me donne des petits noms français. N'importe quoi tiré du dictionnaire français, c'est forcément amoureux, hein « ma petite chaussure... ».

Verbatim

“Tout ce que je peux vous dire c’est que John est 100 % mâle. John me murmurait des choses en français à l’oreille. Je lui disais : “Parle moi en français” et il le faisait. Je ne sais pas ce qu’il disait, je ne parle pas français.”

Lee Whitnum (au *Daily News*), Bostonienne qui prétend avoir flirté avec John Kerry dans les années 1990

a cette perception romantique de la France… Pourquoi est-ce l’endroit où les Américains vont faire leur demande en mariage ? Pourquoi est-ce là qu’ils vont en voyage de noce ? »

Elle, bien sûr, a démystifié les Français depuis longtemps. Étudiante en France, elle a compris que, comme ailleurs, les Français descendaient les poubelles le soir. Et le site de rencontres pour lequel elle travaille a été lancé en France pour pousser les âmes seules à la roue avec exactement les mêmes interfaces et les mêmes services qu’aux États-Unis.

Trish McDermott, notre pro de la rencontre, attribue cette imagerie au premier Français qu’elle a rencontré : Pepe le Pew, personnage de dessin animé de l’après-guerre. Pepe le Pew est un putois de la famille des Looney Tunes. Putois certes, mais galant. Depuis un demi-siècle, c’est le personnage supposé représenter la France le plus visible à la télévision américaine.

Pepe le Pew parle avec un gros accent français *(Come to miii my lii-teule dalin moua-moua-moua!)*, il a selon son producteur Warner Brothers, un

L’Américain voit l’amour dans l’harmonie, il ne décode pas la subtile marque d’affection en voyant un couple français se balancer des petites vacheries en public.

« ego aussi gros que la tour Eiffel ». Surtout, il ne vit que dans un seul but : draguer les chattes. Même lorsqu'elles lui envoient tous les signes de désintérêt, il persiste, jamais ne doute. Évidemment, dans une entreprise américaine, ce que fait Pepe le Pew s'appellerait du harcèlement sexuel, et le putois finirait au tribunal.

Debra Ollivier, une Californienne qui a vécu en France vient d'écrire *Réveillez la Française qui est en vous (Entre Nous: A Woman's Guide to Finding Her Inner French Girl)*, manuel de conseils pour aider les Américaines à atteindre la perfection qu'elles nous prêtent, poils sous les bras en moins. Pour ce livre de commande, son éditrice tenait absolument à ce qu'elle raconte le déroulement d'une *date* entre un Français et une Française. Depuis dix ans aux États-Unis, je n'arrive toujours pas à trouver les mots pour expliquer aux amis français qui débarquent la définition d'une *date*, sorte de rendez-vous arrangé avec un amoureux potentiel. Je suis rassurée. Debra n'a pas fait mieux.

« Je n'arrivais pas à faire comprendre à mon éditrice, me raconte-t-elle, que ça n'existe pas en France, que les Français n'ont pas besoin de tout définir. » « Alors, me demande Ed, comment ça s'appelle en France quand un garçon va au cinéma avec une fille ? Quand il va dîner avec elle ? » Ça s'appelle aller au cinéma, ou aller dîner.

Aparté

MON AMIE... DE CŒUR

Pourquoi l'amour fou serait-il français ? Sans doute parce que la vision passionnée de l'amour en France contredit celle de l'Américain qui y voit plus volontiers un prolongement de l'amitié.

La première fois qu'Ed s'est félicité de notre « bonne camaraderie », j'ai pris un coup de poignard dans le cœur. Pauvre cruche, je ne savais pas que c'était un compliment. Jusqu'à ce que j'entende, dans les campagnes électorales, les hommes politiques américains présenter leurs épouses dans leurs discours d'un flatteur « C'est ma meilleure amie ».

Les intéressées souriaient, béates, et ne les traitaient pas d'enflure.

Verbatim

UN PEU, BEAUCOUP...

L'Américaine Debra Ollivier fait remarquer qu'une petite fille américaine posée dans un champ de pâquerettes arrache les pétales des fleurs à coup de binaires « He loves me, he loves me not, he loves me, he loves me not ». Son équivalente française s'attache, elle, à tous les degrés du sentiment amoureux : « un peu, beaucoup, passionnément, à la folie... ».

En France pas de *dating* en douze étapes, comme il est préconisé de le faire aux États-Unis. La *date* américaine est très formalisée. Dès l'invitation, on se précise bien à voix haute, que ce sera une *date*. Pas d'ambiguïté. À la première *date*, m'explique Liz, ma collègue qui en fait quasiment une activité à plein temps (« à moins d'y investir une heure par semaine, tu ne peux pas attendre de résultat »), on va boire un verre ou on va au restaurant.

L'homme règle l'addition mais la femme doit mollement proposer de le faire. Liz insiste sur le fait qu'à l'arrivée de l'addition, la femme ne doit pas regarder ailleurs ou partir aux toilettes, mais faire semblant de plonger dans son sac. Un homme qui ne réglerait pas l'addition de la première *date*, me dit-elle, « n'a aucune chance de passer à la seconde ». La femme peut payer la seconde. Mais *« never go dutch »* insiste-t-elle (*dutch treat* = faire moitié moitié).

À la fin de la première *date*, on se fait une bise sur la joue. D'après l'encyclopédie mentale de Liz, la femme s'épile généralement les jambes en

En France pas de *dating* en douze étapes, comme il est préconisé de le faire aux États-Unis. Les relations amoureuses y sont moins explicites.

prévision de la quatrième *date*. Toutes ces relations sont extrêmement explicites. Au milieu d'un déjeuner, on peut se faire matraquer d'un « Est-ce que je peux te considérer comme ma *girlfriend* ? » Que les relations de séduction ne soient pas en France enfermées, étiquetées dans des processus protégés, mais que tout se joue dans des zones grises peut donner l'impression à l'Américain qu'elles sont en fait omniprésentes. « Et les petits amis, note une Américaine au retour d'un séjour en France, ne sont pas nécessairement petits. » Vrai.

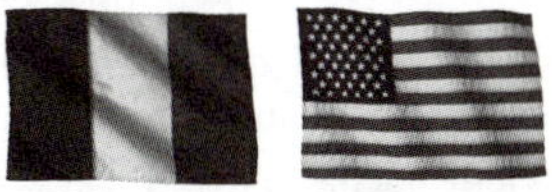

Les Français sont forcément prédisposés à l'érotisme : ils s'embrassent tout le temps ! Et en public ! La « bise » fait l'objet de paragraphes entiers dans les guides à l'intention des visiteurs américains en France. Les manuels expliquent qu'il ne s'agit pas de coller sa bouche sur la joue de l'autre, qu'on peut aussi gober de l'air et qu'il ne s'agit pas comme dans le « hug » américain de broyer l'autre dans ses bras. « Une bise sur chaque joue est normal, même en public », explique un guide, qui précise, car la frontière n'est pas si naturelle, qu'« embrasser sur les lèvres est érotique et réservé aux amants ».

Autant dire que cela n'a rien de spontané pour un Américain (dans les milieux fashion, on voit apparaître une bise, une seule). Et puisqu'on parle de bécot, revenons sur le baise main de Jacques Chirac à Laura

Aparté

RAPIDES EN BESOGNE

« En France, tu as un coup de foudre, tout commence tout de suite », m'explique Johnette, la photographe qui a été étudiante en France, au café de la 47e rue. « Ici, on attend une, deux, trois, quatre rencontres, et on fait attention au moment de la première bise. Ici, tu attends qu'il te téléphone. En France il t'appelle tout de suite. Il t'appelle cinq fois dans la journée. Ici, on attend de se connaître pour s'installer ensemble. »

Bush. Vu d'Amérique, on aurait pu croire qu'il était encore monnaie courante en France.

En reportage dans une petite ville de Georgie avec Thomas Legrand de RTL, on interroge un homme d'affaires qui, dans un restaurant, vient de régler discrètement toutes les additions des militaires attablés. À la fin de l'interview, avant de prendre congé, il me fait un baise main. *Yeeees*, approuve Thomas. Puis, il prend la main de Thomas et la porte vers ses lèvres. *Noooooo !*

Aussi volontiers qu'ils embrassent, les Français se débarrassent de leur *lingerie**. Nos corps indécents, au naturel, sont partout. John MacDonald, touriste d'Arizona, se souvient, débarquant à Paris, de la première publicité qu'il a vue dans la capitale. On y voyait un type nu en prison. John ne parle pas français ou si peu, mais il croit se souvenir d'un message lui faisant comprendre que s'il prenait de la drogue, il risquait de lui arriver la même chose. « Merci, mais j'aurais pu comprendre sans voir ses fesses nues », tressaille-t-il encore.

Difficile pour un Américian de croire que l'on puisse vraiment innocemment se faire bronzer sur les quais, ou s'exposer seins nus sur une plage. Puisque, de toutes façons, ils l'ont lu dans les livres, l'ont vu dans les films, la Française n'est pas farouche.

Ève, une voisine de quartier, est traductrice-apprentie scénariste. Son vrai nom, c'est Évelyne, mais il y a

* *In French in the text.*

Aparté

J'EMBRASSE QUI ?

C'était une source d'inquiétude pour Meg, une jeune Américaine aux joues roses, partie étudier en France. « Je n'embrasse même pas mon père », me dit-elle. Qui embrasser ? Comment ? La question l'obsède à tel point que dans l'avion pour Paris, elle presse son voisin français de questions sur le bon emploi de cette bise. Il lui conseille de limiter le traitement à ses proches. Sa famille d'accueil, traduit-elle. Très vite, ses nouveaux copains de fac lui font remarquer qu'elle pourrait être un brin plus chaleureuse. Dès lors, elle bise tout le monde. Partout. Tout le temps. « Une amie française m'a dit, c'est la sixième fois aujourd'hui. Arrête. »

quelques années, elle a demandé à ce qu'on l'appelle Ève. (« Ève est intemporel et Évelyne dépend de la mode, comme le tweed ou les tissus imprimés. C'est parfois charmant mais la plupart du temps, on aspire à plus de simplicité », m'a-t-elle dit.)

Ève est charmante, et elle ne rêve que de romance à l'américaine. Elle est d'ailleurs en bonne voie, avec un premier mariage plié derrière elle. Quelques jours avant Noël, elle était au Corner Bistro, le bar qui sert les meilleurs hamburgers de Greenwich Village. Avec elle, quelques copains maigrichons des Reservoir Dogs, notre club de course à pieds. Dianne, une autre « Doggie », lui montre une armoire à glace accoudée un peu plus loin.

- Tu voudrais pas embrasser mon copain Mike sur la bouche ? Ça fait longtemps qu'il n'a pas eu de copine et c'est Noël.
- Pardon ?
- Allons, t'es française, c'est pas grand chose pour toi.

Sale rôle que celui des expats contraints de tordre le cou à cette image des Françaises à la culotte sur la tête... Comme avec ce pauvre Nick, un copain américain journaliste. *What*

Aussi volontiers qu'ils embrassent, les Français se débarrassent de leur lingerie.

Verbatim

"N'interprétez pas la nudité comme une invitation à des avances sexuelles."

Guide destiné aux visiteurs américains

Aparté

DÉSHABILLEZ-VOUS

La Californienne Debra Ollivier aussi a été traumatisée par ses premières expériences chez les tous nus. « Quand je suis allée pour la première fois chez le gynéco, se souvient-elle, je m'attendais à me trouver dans une petite pièce pour me déshabiller, qu'il y ait un drap avec lequel je puisse ensuite me couvrir en attendant le médecin. La gynéco me demande de me déshabiller. Je lui demande où ça ? Elle me montre une chaise pour poser mes vêtements. À côté, il y avait la table, rien pour me couvrir. Je faisais une telle tête qu'elle m'a dit : "Y a un problème ?" »

about ménage à twois ? me demande-t-il en se rapprochant. Dans ses yeux, je vois bien qu'il s'attend à ce que je réponde « Ah ! mais oui, où avais-je la tête ? » et que, de mon sac à main, je sorte un couple d'Eurasiennes.

Car de l'avis américain, l'intimité française plus romantique, est aussi plus audacieuse. À la limite des mœurs dépravées. Il suffit de faire un tour au musée du Sexe de New York pour voir qu'historiquement les établissements spécialisés ajoutaient l'adjectif « French » devant chaque spécialité un peu plus olé olé que les autres (on dirait « thaïlandais » aujourd'hui). Il y a deux siècles déjà, le président Thomas Jefferson voyait entre les Françaises libérées et les Américaines vertueuses la même différence qu'« entre les amazones et les anges ».

Cette réputation d'une France permissive a été renforcée dans les années 50 par les films français qui sortaient dans les salles américaines. Quand le code de censure américain Hays mis en place à la fin des années 1930 interdisait de montrer des nombrils et forçait les couples à l'écran à dormir dans des lits jumeaux, les Américains pouvaient

La réputation d'une France permissive a été renforcée dans les années 50 par les films français, comme *Et Dieu créa la femme* qui sortaient dans les salles américaines.

se rincer l'œil sur les courbes de Bardot dans *Et Dieu créa la femme.* Raison pour laquelle les films français étaient alors encore distribués jusque dans les petites villes du Midwest, et pas seulement dans les cinémas d'art et essai de San Francisco et Boston.

Encore aujourd'hui, la promotion des films français capitalise sur cette réputation. L'affiche du film *Harry, un ami qui vous veut du bien* montrait une femme déshabillée observée par un trou de serrure. « Le film que même les Français ont dû interdire », clamaient les publicités du film *Baise moi !*

Les Américains qui ont assisté aux derniers épisodes de la vie de Mitterrand n'en sont pas revenus. « Est-on en train de devenir français ? », entend-on à l'époque où l'opinion prend son parti des frasques de Bill Clinton. D'ailleurs, rappellent les médias, les Français en ont ri au lieu de s'en offusquer.

Le Français tolère tout, croit-on comprendre en Amérique, parce qu'il y aurait sous chaque béret un coureur de jupon plein d'empathie pour les frasques de l'homme politique. Dans un café parisien, Karl, un chercheur américain qui vit à Paris, m'explique qu'il a compris que si l'opinion ne s'offusquait pas des *affairs* des personnalités de la vie publique française, ce n'était pas une marque de connivence, mais que la vie privée est justement privée. Aux États-Unis, « l'atteinte à la vie privée » n'est pas un délit. « Rocard a quitté sa femme

Aparté

EPOUX VOLAGES

L'aventure extra-conjugale décomplexée est un attribut français au même titre que la baguette. Lorsque Harry Stonecipher, le PDG de Boeing, doit démissionner suite à une aventure extra-conjugale avec une de ses collègues, le *Wall Street Journal* réagit « S'il avait été cadre chez Airbus, les Français lui auraient donné une augmentation. »

Dans *Arrête moi si tu peux* de Steven Spielberg, Nathalie Baye fume et trompe son mari... elle est française ! Le Français a une maîtresse, il ne s'en cache pas, son entourage s'en accommode. Cette réputation ne date pas d'hier. « Étant à Paris où la mode doit être sacrément suivie, je me suis trouvé une fois pas très loin de faire l'amour avec la femme de mon ami », écrit Benjamin Franklin à une amie à la fin du XVIIIe siècle.

Aparté

TROMPER, C'EST FRANÇAIS

Lorsqu'une rumeur vite démentie a accusé le dernier candidat démocrate à la présidentielle d'avoir une maîtresse, un chroniqueur du très conservateur *Washington Times* a réagi à l'affaire impliquant « John Kerry, le favori de la course présidentielle démocrate à l'allure si française » : « Quand j'ai entendu qu'il était accusé d'avoir eu une relation extra-conjugale avec une jeune femme, je me suis dit "c'est tellement français". »

quand il était Premier ministre et on s'en foutait », se souvient Karl ébahi. « Des médias américains qui auraient couvert la campagne de Delanoë n'auraient pas hésiter à parler de son homosexualité. »

Dans un pays où cette frontière n'existe pas, le fait que les Français aient choisi Woody Allen comme figure de proue pour une opération de rabibochage entre l'Hexagone et les États-Unis pendant l'été 2003 n'a rien fait pour arranger notre réputation sulfureuse. Dans cette campagne « Let's fall in love again » (Retombons amoureux), Woody Allen évoque ses *French kiss* à sa femme. Bon nombre d'Américains, y compris parmi les mieux disposés à défendre la France, sont confondus.

Comme dans tous les raids anti-français, c'est Bill O'Reilly, l'animateur de Fox News, qui monte au front le premier. « Les Américains n'aiment pas Woody Allen depuis le scandale Soon-Yi. Pour ceux qui ne sont pas au courant, il a épousé sa belle-fille bien trop jeune après une liaison clandestine – et il y fait référence, en parlant de l'embrasser, dans ce spot. Les Français doivent être vraiment à côté de la plaque, n'avoir aucun sens de la sensibilité américaine. Cela va

Le Français tolère tout, croit-on comprendre en Amérique, parce qu'il y aurait sous chaque béret un coureur de jupon.

juste faire empirer les choses, non ? » C'est très gentil de voir en nous des boulimiques de sexe sans foi ni loi, mais la vérité est moins flatteuse. À lire les résultats d'une enquête franco-américaine publiée en 2001 par le *Journal of Sex Research*, les Français ont en moyenne au cours d'une vie moins de partenaires sexuels que les Américains, ils se morfondent plus souvent dans d'ennuyeuses relations durables loin de leur réputation d'hédonistes sexuels. Plus rabat-joie encore pour l'imaginaire américain, ils s'avouent plus souvent monogames : 69 % des Français et 85 % des Françaises se disent fidèles, contre 48 % des Américains et 66 % des Américaines. Et, comble du déprimant pour atomiser le mythe du *French lover*, dans un article de 2003, le magazine pour hommes *Esquire* explique que si les Français ont plus de rapports sexuels que les Américains, c'est simplement parce qu'ils sont proportionnellement plus nombreux à vivre en couple.

Verbatim

"Quand un homme politique français meurt, sa femme et sa maîtresse vont à l'enterrement."

Lu dans un journal du Midwest

Chapitre 6

L'écharpe au vent

Chic et élégant comme un Français

Verbatim

"Et les Français ? Ils courent avec un petit foulard autour du cou ?"

Entendu d'un Américain à propos d'une course à pieds en France

À l'époque du différend sur le conflit irakien, la vitrine d'une blanchisserie de Modesto en Californie est barbouillée d'un graffiti « Fuck the French ». Peu de temps après, la boutique est incendiée. Ces attaques ont été perpétrées parce qu'elle portait une enseigne French Cleaners et un dessin de la tour Eiffel. Pierre Frik, le propriétaire, est en fait libanais. Il avait simplement ajouté « French » à son enseigne pour suggérer un service haut de gamme. Tout comme la *French manucure* est, dans les boutiques où l'on se fait vernir les ongles, un cran plus cher, un cran plus élaboré, qu'une manucure ordinaire. « C'est pas un peu intimidant une petite amie française ? », avait demandé à Ed un de ses copains.

« Il avait l'air fabuleux sans effort, bien entendu. Il est français », écrit Gene Weingarten dans le *Washington Post* de sa rencontre avec Hervé Gaymard, alors ministre de l'Agriculture qui ne portait pas de chaussettes le jour de leur interview.
« Elle a cette capacité innée chez la Française de produire un effet maximum en portant un pull et une écharpe, tout en travaillant en tablier de cuir noir », note encore un journaliste du *New York Times* à propos d'une artiste française.
Et ne vous avisez pas d'écorner la carte postale, de dire que chez nous aussi il y a des gros sacs, des gens qui regar-

dent la télé en jogging. Pour son livre *Réveillez la Française qui est en vous*, Debra Ollivier avoue en avoir rajouté du côté des Parisiennes arpentant le faubourg Saint-Honoré en talons aiguilles. Cette Californienne avait habité le 19e arrondissement, où, se souvient-elle, elle voyait « des Françaises de toutes les races, des filles au look un peu funky bohême », mais cela ne correspondait pas « à ce dont mon éditrice avait envie d'entendre parler ».

Quoi que fassent les Français, ils bénéficient d'un *a priori* d'élégance, de visionnaires du chic. « Seuls les Français peuvent transformer le maintien de l'ordre en un manifeste de la mode », écrit un correspondant en France du *New York Times* à propos de la police parisienne en roller-blade. Preuve en est selon eux que les Français puissent sacrifier en confort pour défendre des apparences. Non, leurs collègues françaises ne transportent jamais une paire de baskets dans leur sac qu'elles dégaineront le temps des transports en commun. Oui, les parents français habillent parfois leurs enfants en blanc.

Salué chez la femme, le petit grain de sophistication range le Français au rayon des créatures efféminées. D'ailleurs, il fait la bise à ses copains.

Quoi que fassent les Français, ils bénéficient d'un *a priori* d'élégance, de visionnaires du chic.

Aparté

SO CHIC

Un dessin publié en couverture du *New Yorker* montre les services de l'immigration d'un aéroport séparé en trois files : les citoyens américains, les non-citoyens américains, et les *Eurotrashs*. Dans cette troisième file, chacun est vêtu de noir, porte son pull jeté sur les épaules et tient un verre de champagne à la main. Quelques-uns assis dans des fauteuils clubs, lunettes de soleil, d'autres embrassent des filles. Un serveur leur sert du champagne. De l'autre côté, les Américains sont emballés dans des frusques ordinaires.

Aparté

DÉTAIL DE TAILLE

Le foulard dans le cou est une atteinte à la virilité américaine, la dernière étape avant le sac à main. À vélo, avec un copain dans New York un samedi après-midi, on croise Jean-David Levitte, alors ambassadeur aux Nations unies. Permission de week-end, il a remplacé la cravate par un foulard. L'Américain n'en revient pas. « Mais est-ce qu'il sait que les vrais hommes ne portent pas ça ? » (Au moins les cow-boys ne les nouent pas comme ça.)

« Je me souviens quand un cousin de ma femme s'est approché de moi », raconte Ray, un Américain marié à une Française, encore secoué au souvenir de sa première visite. « Je lui ai tendu la main et il m'a fait la bise. Il avait au moins 30 ans. Je me suis dit " Mais ils le font vraiment !" » « Je suis sûre que plein d'Américains croient que Philippe est gay », me souffle Tanya à propos de son élégant mari français.

Pour les hommes américains, m'explique Debra Olliver, « le Français est trop mince, il porte un maillot riquiqui sur la plage au lieu des grands boxer shorts américains, il met des foulards. Bref, il est trop féminin. Il y a bien le mythe du *French lover* mais, ça ne touche que les femmes ou les gays. » Son livre proposant aux Américaines de réveiller leur Française intérieure s'est bien vendu. Mais, jamais, elle ne songerait à inviter les Américains à réveiller « le Français qui est en eux ». Pas vendeur. « Les hommes américains ne l'achèteraient pas. »

Chapitre 7

Comment peut-on aimer Jerry Lewis et se dire sophistiqué ?

L'Amérique veut chasser ses complexes

Verbatim

“Ce que Bush devrait faire (en Irak), c’est envoyer quelqu’un que les Français respectent vraiment. Comme Jerry Lewis.”

Jay Leno

« Comment les Français peuvent-ils être considérés comme sophistiqués ? Ils aiment Jerry Lewis », s’interrogeait Bill McClellan, journaliste du *Saint-Louis Post-Dispatch* en février 2004. Une bande dessinée parue dans le mensuel *Atlantic Monthly* demande un changement de régime en France, parce que, entre autres, la France a « importé des armes fatales pour les utiliser contre son peuple ». En dessous, le dessin d’une salle de cinéma gondolée de rire devant un film de Jerry Lewis. Sur un site Internet de discussions télé, un internaute attaque le comédien Jerry Seinfeld qu’il juge bien trop médiocre. « Qu’on l’envoie en France avec Jerry Lewis ! »

Il y a longtemps que les films de Jerry Lewis ne passent plus sur les grandes chaînes françaises. L’acteur lui-même s’étonne de cette légende. Dans une interview à *USA Today*, il remet les pendules à l’heure : les Français ne sont pas ses plus grands fans. Sur le curieux podium de son courrier des lecteurs, les Australiens sont sur la première marche, suivi des Japonais, puis des Italiens.

« Pendant des années, si ce n’est des siècles, les Américains ont eu un complexe d’infériorité pour tout ce qui relevait du culturel, et on se fiait aux Français pour nous guider dans ce domaine », m’explique Edward Hegstrom, journaliste au *Houston Chronicle*. « C’est comme s’il y avait eu ensuite une sorte de rébellion contre cette attitude révérencieuse. Une manière de dire je suis américain, je n'ai pas besoin qu'on me donne de conseils de bonnes manières, de refuser ce complexe d'infériorité en s'affichant anti-intellectuel, donc anti-français. »

Rappeler le prétendu culte des Français pour Jerry Lewis, c'est les remettre à leur place, refuser leur autorité culturelle. Un peu comme lorsqu'un journaliste du *Washington Post* mentionne que le spectacle d'un pétomane bat des records de fréquentation à Paris, alors que « les Français se sont toujours considérés les plus sophistiqués sur terre ».

Les Américains se sentent facilement intimidés par ce qui est français, comme s'ils en avaient socialement peur. C'est l'image, reprise au cinéma, à la télévision et dans les publicités, du garçon de restaurant français qui regarde le client américain de haut parce qu'il ne sait pas ce qui va avec quoi. La France incarne les doutes que les Américains ont sur eux culturellement. Tourner les Français en dérision sur ce sujet est une revanche. À mesure que les Américains se décomplexent, gronde un ras-le-bol à l'idée de s'être sentis humiliés aussi longtemps.

La culture française, c'est austère et compliqué, trop cloisonné pour

Les Américains se sentent facilement intimidés par ce qui est français.

Aparté

DE LA LAIDEUR

Dans le dernier épisode – parisien – de *Sex and the City*, Carrie Bradshaw (Sarah Jessica Parker) déjeune avec la glaçante ex-femme de son nouvel amant. Carole Bouquet, magistrale, jette un œil exaspéré aux chaises du restaurant. « Regardez cette chaise, elle est laide. Laide. » Aussi sec, Carrie a l'air de vouloir disparaître entre deux lattes de plancher. Voilà les Français pénibles avec leurs diktats du Beau et du Laid.

Verbatim

"Chez vous, quand on dit qu'on écrit des livres, ça ne fait pas fuir les filles."

Daniel Young, un critique culinaire new-yorkais qui passe la moitié de son temps en France

toucher le grand public. Les éditeurs qui publient des livres français aux États-Unis évitent d'attirer l'attention sur la mention « traduit du français par » ou la rendent la moins visible possible, pour ne pas annihiler ses espoirs de succès commercial. « Il y a dix ans, on devait presque excuser les livres français traduits pour ne pas décourager les gens. Les traductions fantômes, on n'en est plus là heureusement », s'amuse Lucinda Carter, au Bureau du Livre français à New York. Quelques livres français comme *Texaco*, *Balzac et la petite tailleuse chinoise*, ou *La Vie sexuelle de Catherine M.* ont fait de jolies carrières en librairie. Même les fesses de Catherine M. n'ont pas été considérées comme une entreprise « commerciale » mais comme un mini phénomène littéraire aux États-Unis.

Les éditeurs qui publient des livres français aux États-Unis évitent la mention « traduit du français par ».

La France, c'est aussi le pays de la philo prise de tête. Il y a quelques années, une publicité télé racontait ce qui risquait d'arriver à quelqu'un qui choisirait la mauvaise société de courrier express. Le pli à Paris était remis à un petit livreur franchouillard. Il s'arrêtait au premier bistro. Sur la table du café, pendant qu'il tournait sa cuiller dans le petit

noir, gros plan sur un livre : *L'existentialisme.* Le paquet ne risquait pas d'arriver à destination.
Dans un pays qui rejette les intellos, on tourne en dérision ces rentiers tranquilles occupés à discuter d'existentialisme, ces discours snobinards d'érudits. Aux États-Unis, c'est au *working man* qu'on rend hommage. Joe-Six-Pack, comme on surnomme le buveur de bière ordinaire, a droit à plus de respect de la part des hommes politiques que n'importe quelles élites intellectuelles. La culture littéraire, aux États-Unis, n'est pas forcément flatteuse.

Pendant un point de presse de Dominique de Villepin à l'ONU, Ed me mitraille de textos : « Alors, il a commencé à lire ses poèmes ? » La presse américaine ne rate pas une occasion de rappeler ce penchant de Villepin, comme si c'était incompatible avec le pragmatisme politique.
Bien sûr, certains intellectuels français, comme Barthes, Baudrillard, Derrida, Foucault ou Deleuze, bénéficient d'un véritable culte sur quelques campus américains, isolés du grand public. Les universitaires américains sont d'autant plus volontiers francophiles que la France incarne pour eux le fantasme d'une culture qui les reconnaîtrait. Pourtant mieux traités matériellement aux États-Unis que les profs français qui se battent contre la paupérisation de leurs universités, ils regardent avec envie ce pays qui place leurs homologues au centre du débat public.

Aparté

SEXE ET CAFÉS

Marie-Therese Guirguis, la directrice des acquisitions d'une société de distribution américaine, aime trop les bons films français pour être prête à accorder des bons points cérébraux à tout ce qui arrive de France. Elle ne se force pas à aimer les nouveaux films français s'autoparodiant avec « une caméra en mouvement, du sexe, des cafés et quelqu'un qui fait une dépression nerveuse ». Tout comme elle refuse de croire qu'un film qui arrive de France soit forcément plus haut de gamme que son équivalent américain. « Une production à gros budget singeant une production hollywoodienne ne défend pas nécessairement la culture française sous prétexte que c'est produit par des Français. »

« Le fait que je sois écrivain professionnel, au lieu d'effrayer mes amis à la mode, les intéressait », notait déjà l'Américaine Edith Wharton à propos de sa vie à Paris au début du XXe siècle. « La culture en France est éminemment une qualité sociale, tandis que dans les pays anglo-saxons, elle peut aussi être appelée anti-sociale. »
Au cinéma, les films français (*film noir ? cinéma vérité ?**) qui arrivent jusqu'aux États-Unis représentent moins de 0,5 % du box office américain. La plupart d'entre eux confortent le public dans sa perception de la France. Les productions commerciales françaises ne sont pas importées, parce que les Américains « font ça mieux ». Du coup, les films français diffusés outre Atlantique caricaturent la vision que les Américains ont de la culture française, des films « plus intellectuels, plus philosophiques, plus intelligents émotionnellement » que les films du cru.

Les Américains s'amusent aussi de la place que les Français accordent à l'Auteur. Les programmes télé américains mentionnent très rarement les réalisateurs des films annoncés, et se limitent aux interprètes. À l'occasion de rencontres entre des producteurs distributeurs de programmes télé français et des chaînes américaines, Maurice Paleau, vice-président des chaînes américaines Discovery, a fait l'expérience de montrer aux Français un documentaire d'Arte remonté

Aparté

COMPLEXE DE SUPÉRIORITÉ

John Buchanan, directeur du musée de Portland qui a organisé une grande expo sur la peinture française du XVIIe siècle, et Penelope Hunter Stiebel, la conservatrice, savent bien que les Américains ont une réputation de bourrins culturels qui ne sortent de chez eux que pour voir les grands raouts impressionnistes. « Les Français sont pareils, s'amuse la conservatrice, en France comme aux États-Unis, l'exposition qui déplacerait les foules s'appellerait "Trésors cachés impressionnistes des Égyptiens". » Et, ajoute le directeur du musée de Portland, « quand je demande à mes homologues français ce sur quoi ils travaillent, ils me parlent toujours des cousins de Cézanne et des grands-mères de Monet. »

* *In French in the text.*

Les films français diffusés outre Atlantique caricaturent la vision que les Américains ont de la culture française.

pour être diffusé sur une chaîne américaine. Cris et grincements de dents. « Pour beaucoup d'entre eux, c'était complètement répréhensible. De quel droit avait-on osé changer le montage, la musique, le commentaire... En France si un réalisateur fait un docu de 78 minutes, la chaîne s'adaptera pour lui trouver une case de diffusion. À Discovery, on fait des programmes de 47 minutes. Si on a un 52 minutes, on fera enlever 5 minutes, et par un monteur qui n'a pas participé au film. »

Pour les Américains, rapporte Maurice Paleau, trait d'union entre les deux cultures, l'auteur français est *a priori* « un emmerdeur, trop intellectuel, qui se la pète complètement et qui est ingérable humainement ».

Verbatim

"Pour les Français, le réalisateur c'est Dieu. Pour les Américains, le réalisateur est un technicien et c'est le sujet qui fait le film."

Maurice Paleau, vice-président des chaînes de documentaires Discovery.

Chapitre 8

French Cordon bleu

Un peu trop guindé au goût américain

Verbatim

“La seule manière de pousser les Français à y aller, c’est de leur dire qu’on a trouvé des truffes en Irak.”

Dennis Miller, comique en croisade

Max McCalman est en « mission ». Il répète le mot tout le temps. Il veut faire manger du fromage (du vrai qui bouge encore, pas du plastique jaune) à tous les Américains. Il fut longtemps le seul maître fromager aux États-Unis, travaille pour des restaurants avec vestiaires et serveurs en veste, donne des cours d’initiation au fromage (considérés comme le nec plus ultra sur une liste de mariage), et officie depuis sa création à L’Artisanal, immense centre fromager qui a installé cinq caves à New York.

Il sait à quoi reconnaître le cri d’extase du consommateur. « Soudain, ils disent hmmmmm… et systématiquement, ils ajoutent : “Je n’ai pas vu un tel choix depuis que je suis allé à Paris.”» Fort de son choix de 250 fromages du monde entier, il se dit *in petto* : « Non, vous n’avez pas vu autant de choix à Paris. » Mais la remarque l’amuse, il sait qu’entre gastronomes, « aussi bien qu’à Paris » constitue le compliment ultime.

La France, c’est de la bonne bouffe, du bon vin, et des bonnes manières. Au moment du choix d’un vin au restaurant ou chez des copains américains, j’attends le moment où les regards vont se tourner vers moi pour approbation. Pourtant, je n’ai pas de palais. Même le Coca Light, je le bois tiède. Mais on garde l’étiquette d’expertise gastronomique quoi qu’il arrive. Plus c’est français, plus l’*a priori* est positif. Pierre Weber, patron du restaurant

Chez Pierre, dans les Hamptons friquées, sait qu'il parle anglais comme un cochon. « Je ne fais aucun effort. Le plus mal je parle (oui, oui, il parle vraiment comme ça), plus mes clients aiment ça. Je leur vends du français, sans honte et sans calcul. »

Plus c'est français, plus l'*a priori* est positif !

Ed, qui, en France, se fait des sandwichs sardine/vache-qui-rit, s'extasie devant ses amis sur « la précision chirurgicale » de ma cuisine. Même si je balance la farine dans la jatte comme du ciment dans une bétonnière.
C'est vrai qu'en cuisine, quand on est aux États-Unis, il n'en faut pas beaucoup pour vivre à crédit sur notre passeport français, puisque beaucoup d'Américains ne touchent pratiquement jamais à leurs fourneaux.
Mes voisins font très peu la cuisine. Sauf depuis qu'ils font visiter leur pied-à-terre qu'ils viennent de mettre en vente. Une brochure de l'agence immobilière recommande de faire cuire des gâteaux avant des visites d'acheteurs potentiels pour que l'appartement sente la vie heureuse. Pour leur épargner d'avoir à enfiler un tablier, je les ai dépannés en leur prêtant une bougie au parfum « boulangerie française. »
Vu de ce côté de l'Atlantique où le repas n'a pas la même fonction sociale, le Français ne pense qu'à son estomac. « Ces gens-là peuvent rester à table

Aparté

BIEN MEILLEUR EN VF

Ajoutez un petit son français, et tout semble meilleur. Il y a le marchand de sandwichs et salades Le Basket en bas de Broadway. Et en rentrant du bureau à vélo, je passe chaque jour devant une épicerie-sandwicherie qui s'appelle Chéz. Oui, « chéz » avec un accent sur le é. Toujours plus français, toujours meilleur ! Ça ne date pas d'hier. La femme d'Eisenhower avait fait modifier le menu d'un repas de chefs d'État à la Maison Blanche pour que son dessert préféré, l'apple Brown Betty, soit rebaptisé « pomme de brune ».

pendant des heures. Vous ne vous levez pas de table. Littéralement », raconte un Américain au retour de France. Un autre vous explique qu'avec le temps que les Français passent vissés à table, restos et cafés feraient mieux de louer les tables que de facturer les plats. Même le fast-food n'est pas si fast en France : le temps moyen passé assis à manger dans un MacDo en France est de 22 minutes, quand il n'est que de 14 minutes aux États-Unis.

Autant d'attention portée à ce qu'on ingère, c'est sympathique, mais c'est aussi presque louche, comme un aveu d'inefficacité. De la sophistication culinaire à la frivolité, il n'y a qu'un pas. Écoutez Jon Kyl, sénateur républicain d'Arizona, attaquant les prétentions multilatéralistes du candidat John Kerry en campagne : « La plupart des Américains ne se préoccupent pas de savoir si Teresa et John Kerry se font inviter dans des restaurants chic en France. » Parce qu'il est entendu qu'un politique américain qui va en France n'a rien d'autre à y faire que de se remplir le ventre.

Et que de formalités ! Dire que les gens s'asseyent à table ensemble pour un repas (et chaque soir pour les familles !) « Un café crème, ça se boit assis, et pas en marchant », rapporte

Aparté

DID YOU MAKE IT FROM SCRATCH ?

Quand j'invite à dîner, il y a toujours un invité pour m'interroger, pétrifié, « Mais, ça vous a pris combien de temps ? » Et j'adore qu'on me demande « Did you make it from scratch ? », ce que l'on pourrait traduire par : « Vous l'avez fait entièrement vous-même ? » Par opposition, j'imagine, à : « Did you make it from la boîte ? »

Le temps moyen passé assis à manger dans un MacDo est de 22 minutes en France, contre 14 aux USA.

John MacDonald d'Arizona. Il a bien remarqué les premières boutiques Starbucks installées à Paris, mais, contrairement à leurs équivalents américains, les clients n'en sortent pas le gobelet de carton à la main.

« Les heures des repas sont tellement réglementées, rigole Tanya, mariée à un Français. L'heure à laquelle on peut manger est sacrée. On ne peut pas manger à 15 h, même si on meurt de faim. » Les manuels culturels destinés aux Américains soulignent qu'en visite en France, on ne fait pas de raid dans le frigidaire des gens qui vous reçoivent. Et l'un d'eux d'insister : « Seuls les jeunes enfants grignotent entre les repas. »

Dans un pays où l'on apprécie l'informalité, le restaurant français peut mettre mal à l'aise par sa solennité et son atmosphère austère. Trois grands établissements français (La Caravelle, la Cote Basque, Lutèce) ont fermé leurs portes à New York en 2004 (« comme autant de spectacles de Broadway défraîchis », selon le *New York Magazine*) et les critiques y ont vu un ras le bol des diktats cérémonieux, une guerre généralisée contre la vieille garde.

Pendant longtemps, les nouveaux restaurants devaient être d'inspiration française s'ils voulaient être considérés comme des grands. Aujourd'hui, rébellion oblige, les restaurants américains élégants ne se croient plus obliger de dégoter des noms à consonance française, d'avoir des nappes

Verbatim

"Vous ne trouvez pas que Dominique de Villepin ressemble exactement à ce à quoi on voudrait qu'un diplomate français ressemble ? Je ne sais pas ce qu'il connaît à l'Irak, mais je suis sûr qu'il peut dégoter une très bonne bouteille de Bourgogne."

L'éditorialiste d'un quotidien du Colorado

Verbatim

“Dans la vieille tradition française, le restaurant fixait les règles et les dîneurs obéissaient comme des chiens fidèles.”

Amanda Lesser, critique gastronomique du *New York Times*

épaisses et des serveurs en pingouin. Les nouveaux restos chic sont d’inspiration asiatique, hispanique ou américaine. Les assiettes sont posées à même la table, les serveurs portent des jeans. Les marchands de vin enregistrent le même phénomène. Un soir, Ed m’apporte une bouteille de vin. « L’étiquette est cool, non ? » On y voit un sympathique Français en béret sur son vélo rouge, des baguettes de pain débordant du panier (en osier pardi) de la bicyclette. C’est un Merlot « Red Bicyclette ». Hmmm… Je mets la bouteille de côté.

Une semaine plus tard, je tombe dans le *Los Angeles Times* sur une interview du patron de E & J Gallo Winery, l’un des plus gros producteurs distributeurs de vin californien, qui raconte comment ils ont conçu l’étiquette. Leurs recherches, explique-t-il, indiquent que les Américains estiment que le vin français est le meilleur du monde, mais qu’ils en boivent de moins en moins parce qu’ils le jugent « trop difficile à comprendre ».

Le directeur du marketing surenchérit : « Trop d’Américains se sont sentis humiliés en commandant une bouteille de vin au restaurant. » Selon lui, « les noms difficiles à

Les Américains jugent le vin français « trop difficile à comprendre ».

prononcer, les étiquettes compliquées…, tout rappelle aux Américains leurs notions préconçues selon lesquelles les Français sont condescendants et arrogants ».

Mis à mal par le différend sur l'Irak, le projet d'inonder le marché américain de bouteilles de Red Bicyclette reprit vie quand l'équipe de marketing testa, pour l'étiquette, une image d'un village du sud de la France. « Soudain les scores grimpèrent », écrit la journaliste. « Ces Français-là, ça allait. Rien à voir avec ces horribles Parisiens. »

Un autre responsable du marketing raconte qu'ils prirent plus de 6 000 photos de villages, avant de se rendre compte qu'un dessin – plus abstrait – fonctionnerait encore mieux. Restait à choisir le nom. « Appelé *Red Bike*, il fut immédiatement rejeté dans les tests – trop réel et pas clairement français. *Bike* devint *Bicyclette* pour une touche française. Mais *Red* ne devint pas *Rouge*. Ça aurait été trop français. » Et le patron Joe Gallo de conclure : « Nous avons rendu le vin français approchable, à la différence de ces châteaux aux noms imprononçables. »

Et à boire ? Évidemment beaucoup plus sucré et moins acide, histoire de s'adapter au palais américain. « Le Red Bicyclette est au vin ce que *La Bicyclette Bleue* est à la littérature », a conclu l'un de mes invités, avant de se lever pour aller renverser son verre dans l'évier.

À New York, les restos favoris des critiques (Le Bernardin, Per Se, Alain Ducasse, Jean Georges, Daniel) servent bien de la cuisine française. Parmi les

Aparté

DESSERRONS LA CRAVATE

Wylie Dufresne est le jeune grand chef iconoclaste du wd-50. Il répète que la cuisine n'est pas meilleure parce qu'on met une nappe sur la table et une veste au serveur. Chez lui, des dîneurs peuvent sortir leur appareil photo et photographier leur assiette de mosaïque d'huîtres aux pommes vertes sans rougir. Voilà le bol d'air frais qu'on attendait en Amérique pour échapper à la rigidité de la table française. Pas très loin, un nouveau restaurant branché qui vient d'ouvrir dans le bas de Manhattan propose, provocateur, seulement trois vins au menu, dont les noms sont inscrits en gros sur les bouteilles : « bon marché », « décent », « bon ».

livres de cuisine qui se vendent le mieux, les Français paradent encore. Mais là aussi, comme dans le reste du monde culturel, l'Amérique s'est décomplexée et l'assume, en révolte contre les leçons données par la gastronomie française. Exception faite du succès des brasseries (comme Balthazar, Pastis et Nice-Matin à New York), mirages de la belle époque et sympathiques parce qu'elles parodient des habitudes de simplicité, on devine là aussi le désir de remettre la France à sa place, de se moquer de ses certitudes. Dans un article sur la truffe chinoise qui fait (piètre) concurrence à la truffe française, le *New York Times* note que « bien entendu, les Français blâment toujours les influences étrangères lorsqu'ils se plaignent de la destruction de la culture française ».

À l'été 2003, le *New York Times Magazine* publie un reportage sur la créativité de la cuisine espagnole. Curieusement, l'article consacre autant d'énergie à enterrer la cuisine française qu'à célébrer l'espagnole. La couverture attaque : « Comment l'Espagne est devenue la nouvelle France. » L'article cite le chef new-yorkais David Bouley « Il s'est passé quelque chose en France. Ils approchent de la panne d'essence. Je n'entends plus parler de jeunes passions dans ces cuisines comme c'était le cas auparavant. »

Thomas Keller, du très coté The French Laundry, un restaurant au nord de San Francisco déplore que « l'éthique professionnelle française [se soit] détériorée au cours des dernières années ». Le verdict du journaliste

Aparté

PERSONNE NE VOUS OBSERVE

Julia Child, la grande prêtresse américaine de la cuisine française, était devenue une star dans les années 1960 avec ses livres et ses émissions de télé consacrées à la cuisine française parce qu'elle la désacralisait, renversant des casseroles ou se trompant entre le four et le réfrigérateur. Un jour, dans son émission *The French Chef*, elle fit valdinguer une crêpe de pomme de terre en voulant la retourner. Elle rattrapa la crêpe tombée, la remit dans la poêle. « Souvenez vous. Vous êtes seul dans la cuisine. Personne ne peut vous voir. » Cette cuisine française-là, l'Amérique était prête à s'y mettre. (Et les livres de Julia Child, décédée en 2004, se vendent toujours comme des petits pains.)

Arthur Lubow dans le *New York Times* : « La nouvelle cuisine française a révolutionné le monde culinaire dans les années 1970. Consolidant et avançant, la génération suivante de chefs a maintenu la prééminence française. Mais au cours de la dernière décennie, l'innovation française s'est réfrigérée en complaisance. » Il regrette aussi que « confrontés à l'augmentation de leurs coûts et à des réglementations étouffantes, les chefs français pensent avec plus d'imagination à l'extension de leur marque qu'à des inventions de recettes ».

Sa conclusion : « Il est difficile d'expliquer ce qui est arrivé à la nouvelle cuisine française. Elle a peut-être simplement vieilli. » À New York, le jeune Wylie Dufresnes approuve, presque désolé, le constat du magazine. Et quand on lui demande pourquoi les chefs français ne seraient plus aussi créatifs qu'autrefois, il sourit et balance un énigmatique : « Ils sont juste français. »

L'Amérique décomplexée est en révolte contre les leçons données par la gastronomie française.

Verbatim

"Vous pouvez toujours très bien manger en France, comme vous pouviez le faire il y a vingt ans. Le problème est que dans tous ces endroits où vous mangez en France, ça pourrait être il y a 20 ans. Rien n'a changé."

Le journaliste Arthur Lubow, dans le *New York Times Magazine*

LE *FRENCH PARADOX*

La quasi-absence d'obèses chez nous fait l'étonnement de ceux qui arrivent d'Amérique. John MacDonald, un Américain dont le patronyme le prédestinait peut-être à s'intéresser au sujet, vit à Phoenix en Arizona, une ville tellement étendue qu'on la traverse sans en avoir trouvé le centre. Pendant une semaine de vacances parisiennes, il a cherché des explications scientifiques à notre gracilité : Paris, c'était l'anti-Phoenix – on marche au lieu de vivre en voiture. Et, surtout, « les Parisiens n'ont pas la place qu'on a pour se loger alors peut-être qu'ils stockent moins de nourriture chez eux », affirme-t-il très sérieusement.
D'autres s'imaginent que c'est le tabac : le Français mange des ronds de fumée (là encore une étrange réputation : 21 % des Françaises et 17 % des Américaines fument).

Pourquoi les Françaises ne grossissent pas ???

Personne ne souhaite en tous cas accepter la triste vérité : nous sommes plus minces parce que nous mangeons moins : des chercheurs de l'université de Pennsylvanie et du CNRS ont comparé les assiettes de restaurants à Paris et à Philadelphie : la portion parisienne pèse 277 grammes, celle de Philadelphie 326. *And Voilà.*
L'expression *French Paradox* remonte à 1991, quand Serge Renaud, un chercheur français avait été interrogé sur le sujet dans l'émission *60 Minutes.* À l'origine, c'était le nom donné aux États-Unis à l'idée que les Français, malgré leur consommation de vin, souffrent peu de maladies cardiovasculaires (un tiers du chiffre américain). Les ventes de vin rouge aux États-Unis explosèrent le mois suivant.
Depuis, l'expression s'est élargie au mythe qui voudrait que les Français puissent passer des heures à table à engloutir des plats en sauce à la queue-leu-leu en les arrosant de bonnes bouteilles, sans prendre un gramme. 11 % des Français sont obèses, contre 33 % des Américains.
Comment se fait-il, me demandent mes copines américaines, qu'avec des croissants et du vin rouge, les Françaises soient plus minces que les Américaines qui comptent les grammes de *carbs* (sucres lents) et boivent du Coca Light ?

Depuis, le sujet est une mine pour les éditeurs. Will Clower, l'auteur du bestseller *The Fat Fallacy: The French Diet Secrets to Permanent Weight Loss* donne désormais des cours aux employés de grandes entreprises américaines, pour les aider à mincir à la française.

Dernier phénomène en date, Mireille Guiliano. Cette petite Française de 58 ans est l'auteur d'un livre au titre insolent *French Women don't get fat* (« Les Françaises ne grossissent pas »). À la surprise générale, le livre est devenu un best-seller aux États-Unis (plus de 500 000 exemplaires vendus), collant, un mois après sa sortie, les aventures d'Harry Potter au hit parade des librairies.

En couverture du livre, une caricature de Française, gambadant, écharpe au vent, la cuisse fine, mince et élégante, devant son caddy de courses. Quand Mireille Guiliano arrive sur scène pour faire la promotion de son livre, elle n'est pas vraiment loin du dessin : fluette en hauts talons et veste bleu ciel, un élégant sac à main à ses pieds, une bouteille de champagne posée sur la table basse noire devant elle. La salle du Florence Gould Hall à New York est remplie, essentiellement d'Américaines qui ont payé 18 dollars pour venir apprendre ses secrets minceur.

Mireille Guiliano leur parle, puisque c'est la saison, de galettes des rois, du Petit Prince (non pas pour flatter sa ligne, mais pour évoquer l'importance des rites), vante les mérites comparés des macarons de chez Pierre Hermé ou de Ladurée. Elle explique que pour les Français, « les prochaines vacances comptent bien plus que notre prochaine voiture ». Tout est question de priorité !

Elle ne parle que de ça, Mireille Guiliano : du plaisir ! Celui de manger, celui de respirer des produits frais, celui de cuisiner. « Mangeons avec nos sens ! » Bien sûr, son livre de non-régime enchaîne les recommandations pétries de bon sens : ne pas oublier fruits et légumes, et manger de petites portions.

« Mangeons avec nos sens !»

À la fin de sa lecture, elle n'a prononcé aucun des sésames des best-sellers de la diététique : pas question de « calories », encore moins d'« Atkins », de « *carbs* » ou de dégoûtants « lipides ». Mais en parole, elle s'est promenée dans la France fantasmée des Américains, avec des allers-

retours entre la tour Eiffel et La Sorbonne, s'arrêtant pour s'acheter « un croissant ou quelques chouquettes ».
Dans la salle, on hésite entre ravissement et perplexité. « On peut vraiment boire de l'alcool et perdre du poids ? », demande une dame, hésitante « Mais bien sûr ! », répond Mireille Guiliano qui, rappelons-le, est aussi la présidente de la filiale américaine de Veuve Cliquot. Une Américaine lui demande si elle va à la gym. Non, répond-elle, mais, par la fenêtre de sa salle à manger, elle peut en contempler une, et elle souffre de voir ceux qui s'y agitent. « Achetez plutôt une yaourtière », conseille-t-elle. « Vous nous parlez de ce qu'il faut commander au restaurant. Mais comment peut-on faire quand on mange un sandwich à son bureau ? », demande une autre Américaine qui n'a pas l'air décidé à s'ouvrir une douzaine d'huîtres (youpi, seulement 60 calories) pour son déjeuner à côté du clavier de son ordinateur. « Ralentissez », répond la Française. « Ne mangez pas sur pilote automatique. »

Se faire belle pour sortir les poubelles...

À la sortie, les Américaines sont emballées. Le coup de cœur de Rose Teneyck, une Américaine avec quelques rondeurs à perdre ? « J'ai adoré qu'elle conseille de s'habiller élégamment pour sortir les poubelles. » Une femme grommelle un peu. Un discours sur l'art de vivre, c'était un peu court... « Elle aurait pu quand même développer un peu la manière de perdre du poids. » Celle-là était française.

Chapitre 9

Pardon my french

Toujours ce besoin de se distinguer

Verbatim

“J’ai essayé toutes les langues. Le Français c’est ma préférée. Une langue fantastique. Surtout pour jurer. Nom de dieu de putain de bordel de merde de saloperie de connard d’enculé de ta mère. C’est comme de se torcher avec de la soie.”

Le Mérovingien (Lambert Wilson) dans *Matrix*

C’est un bar de l’élégant quartier du Flatiron à New York, un bar de canapés en cuir et en velours. Ils sont une cinquantaine, quasiment tous américains, un verre de vin à la main, et la musique d’un disque curieusement décalé de Stéphanie de Monaco dans les oreilles. « Bonjour, mon nom est Michael. » Le dernier inconnu à passer la porte s’est présenté en français à d’autres inconnus. Ils ont su qu’ils se retrouveraient au Marks Café sur Meetup.com, un site où des communautés se forment et se donnent rendez-vous. Ceux qui veulent parler français se retrouvent le troisième mercredi du mois.

« Je fais beaucoup d’erreurs grammatiques *(sic)* », explique Raymond, un avocat new-yorkais, au comptoir. « Et j’ai des problèmes à comprendre l’accent de le sud. » Ils se font la conversation au ralenti, dans leur français bancal et charmant, s’échangent des tuyaux pour entendre un peu de français. Pas l’Alliance française, « trop élitiste ». Quelqu’un a entendu parler d’un club de conversation sur la 92e rue. Un restaurant de la Première Avenue a des soirées en français les lundi soirs.
On s’échange l’adresse e-mail de Golriz, une française d’origine iranienne qui organise des brunchs en français dans différents restaurants chaque samedi. Un très jeune homme d’affaires qui vit à Brooklyn et travaille à Manhattan raconte qu’il s’arrange

pour tomber sur des taxis haïtiens pour s'exercer.

Après quelques verres de vin, Elizabeth oublie le *politically correct* : « Au moment de choisir une langue, apprendre le français, ça veut dire Paris, une ville incroyable. Tandis que l'espagnol, c'est le Mexique », donc pas la plage, mais les immigrants qui se pressent de l'autre côté de la frontière.

Dans une université de Pennsylvanie, le directeur des cours d'espagnol a cru bon de rappeler dans une note de présentation de ses cours que « l'espagnol n'était pas une langue poubelle » parce qu'elle était associée à des masses d'immigrants. Le français, « langue de blanc », ironise Elizabeth, synonyme de culture, est un réflexe de classe. C'est la langue que les enfants américains apprennent dans les écoles privées tandis que ceux du public préfèrent l'espagnol.

« L'espagnol, c'est utilitaire, le français, c'est classe donc pour les enfants riches », explique une prof de français d'une université huppée. Danielle, une Américaine qui parle un français suffisamment impeccable pour qu'en France on lui demande où elle a appris à parler aussi bien anglais, se souvient que « dans le cours d'espagnol, on travaillait sur des textes

Les enfants américains des écoles privées apprennent le français, ceux du public préfèrent l'espagnol.

Aparté

SNOB

Une Américaine m'avait déjà dit qu'elle avait « appris le français comme on apprend le piano ». Ethan, 42 ans, parle lui de son copain de lycée qui ne voulait pas apprendre l'espagnol, « une langue de paysans ». « Encore aujourd'hui, dit-il, apprendre le Français garde une dimension snob. Ça a quelque chose de rare, alors que l'espagnol, c'est quelque chose des classes inférieures qu'on entend dans la vie de tous les jours à New York. »

comme “y a quoi à la télé ?” alors qu’en français, c’étaient des trucs littéraires compliqués. »

Avec sur son ordinateur une carte des langues étrangères parlées aux États-Unis, Rosemary Feal, la directrice de la Modern Language Association annonce qu’il y aurait deux millions de francophones dans le pays (1,6 million pour le français, 450 000 pour le créole français). Le Français est, après l’espagnol et avant l’allemand, la deuxième langue la plus enseignée aux Etats-Unis, un pays où le système éducatif n’impose pas d’apprendre une langue étrangère. 1,4 million d’élèves américains étudiaient une langue étrangère en 2002. Parmi eux, près de la moitié apprenaient l’espagnol, un sur sept le français et un sur quatorze l’allemand.

Le Français est, après l’espagnol, la deuxième langue la plus enseignée aux États-Unis.

Entre 1998 et 2002, le nombre d’étudiants inscrits en cours de français est resté stable tandis que les effectifs des cours d’espagnol se sont envolés de 13,7 %.
En revanche, à juger l’évolution de l’apprentissage du français dans les lycées, on peut s’attendre à une baisse au niveau universitaire dans les années à venir : les collégiens et lycéens américains qui étudient le

Aparté

UNE PLACE UNIQUE

« Ça trouble certains de mes collègues que l’espagnol soit la langue la plus étudiée », sourit Tom Bishop, un vieux monsieur délicieux, spécialiste de Samuel Beckett et ancien directeur du département de français de la New York University. « Pas moi. Avec le nombre d’hispanophones qu’il y a dans ce pays, c’est normal. Le français occupe en fait une place unique. Parce qu’on n’apprend pas le français pour des raisons commerciales, c’est une langue de choix. Il n’y a pas de raison pour qu’il occupe cette solide deuxième place, il n’y a pas de base franco-américaine comme il y a, par exemple, une communauté d’Italo-Américains. »

français aujourd'hui sont moins nombreux que dans les années 1970 selon le Centre national des statistiques d'éducation, tandis que le nombre de ceux qui étudient l'espagnol a doublé sur la même période. La progression de l'espagnol, nécessité démographique, pourrait être plus spectaculaire encore si elle n'était pas limitée par le nombre d'enseignants.

Dans une université d'Illinois, les étudiants en espagnol n'ont pas droit de prendre plus de deux cours par semaine et sont invités à prendre le reste des cours sur Internet.

Le seul endroit où le français aurait pu se développer pour des raisons historiques, la Louisiane, n'a finalement réussi qu'à limiter son éradication. Que reste t-il du français là-bas ? « Y a mon voisin et moi », rigole le chanteur Zachary Richard. Difficile d'ailleurs d'apercevoir un voisin depuis sa maison cachée sous les arbres.

Selon les chiffres plus précis du dernier recensement, ils seraient encore 200 000 francophones en Louisiane. Les grands-parents de Zachary Richard appartenaient à la dernière génération de « francophones monolingues ». Ses parents, octogénaires aujourd'hui « ont rencontré l'assimilation de manière brutale ». La loi de 1916 faisait en effet de l'anglais la seule langue autorisée à l'école.

Les parents de Zachary Richard lui ont parlé en français. La plupart des

Aparté

NON GRATA

À Basile, en plein pays cajun, Daniel, 62 ans, raconte « les bleus sur les fesses », les coups de fouets reçus à l'école lorsqu'il parlait français. Dans le pays cajun, alors que « l'américanisation » bat son plein à partir des années 30, il devient mal vu de parler français. Les « Texiens » et autres anglophones arrivent pour exploiter le pétrole de la région. Pour se faire embaucher dans ces entreprises qui paient mieux qu'ailleurs, il faut parler anglais. Un commerçant du pays cajun raconte qu'un ami, employé de banque, lui avait déconseillé d'y parler français s'il voulait y faire un emprunt. Ceux qui parlent encore français, agriculteurs ou éleveurs, ne sont pas allés à l'école. « C'est à ce moment-là que le français a été associé à l'ignorance et à la pauvreté. »

Aparté

IMMERSION

Grâce aux programmes d'immersion au français mis en place dans les écoles cajun dans les années 1980, les élèves suivent tous leurs cours en français, à l'exception d'une heure d'anglais par jour. 3 000 enfants de Louisiane sont aujourd'hui inscrits dans ces programmes d'immersion, des Cajuns qui tiennent à leur héritage comme des « Américains » qui veulent une carte de plus pour leurs enfants. « Ici, le programme est devenu intouchable », se réjouit Nicole Boudreaux, responsable de celui de Lafayette qui, avec 830 élèves, est le plus important de Louisiane. À quelques kilomètres de là, celui d'une école fréquentée essentiellement par des enfants noirs met la clé sous la porte, faute d'élèves dans les classes.

gens de cette génération évitaient de le faire, croyant que l'anglais assurerait plus de portes ouvertes à leurs enfants. David Chéramie entendait ses parents discuter en français, entre eux seulement. De cette langue, lui ne connaissait que « maudit diable », les jurons et les insultes. Il a réappris le français plus tard, explique-t-il dans le bureau du Conseil pour la défense du français en Louisiane (Codofil) décoré d'une pancarte « Ici on est fier de parler français ».

Financé par l'état de Louisiane, le Codofil est né du « réveil ethnique » des années 1960. Son président Warren Perrin saute à l'anglais quand il cherche trop ses mots en français.

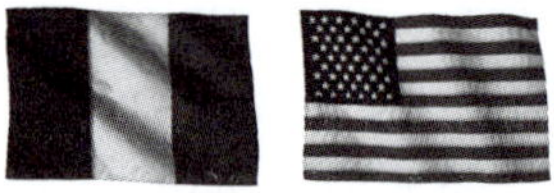

Finalement, apprendre le français, c'est entrer dans un club culturel pour happy few, bien plus que se lancer dans l'apprentissage d'une langue. Au niveau universitaire, les profs admettent que les cours purement littéraires ne passent plus, et le niveau des élèves n'est pas suffisant pour étudier les textes dans la langue. Les cours se font de plus en plus souvent en anglais. En revanche, les étudiants sont toujours demandeurs d'études culturelles françaises. « Les cours de français classique sont remplacés par des cours du type "cinéma français et conversation" », peste un vieux professeur de français aux États-Unis.

Langue d'accès à une certaine culture, voilà qui semble flatteur, mais s'y laisser enfermer pourrait être dangereux à long terme.

Langue élitiste aussi parce que difficile d'accès. Le *Wall Street Journal* a consacré un papier de une à la dictée de Bernard Pivot, stupéfait que les Français puissent se délecter à replonger dans des exercices masochistes.

Les Américains ont le sentiment que nous exigeons d'eux qu'ils parlent parfaitement notre langue. Un peu comme l'amant français de la jeune Américaine du film *The Divorce* qui, lorsqu'elle veut se jeter dans ses bras, lui fait remarquer que ses dernières lettres étaient truffées de fautes d'orthographes. Avant de partir en voyage en France, on leur a dit que les Français les reprendraient et les corrigeraient sur chaque faute. Intimidant vu d'un pays qui laisse chaque immigrant massacrer l'anglais.

Apprendre le français, c'est entrer dans un club culturel pour happy few.

Cette image haut de gamme n'est pas nécessairement un avantage dans un pays qui n'aime pas les élites. Quelqu'un qui parle français est certainement à des millénaires du quotidien des habitants des Grandes Plaines et des préoccupations de l'Américain pur beurre de cacahuètes. C'est du reste cette attitude élitiste que Nicholas Kristof, éditorialiste au *New York Times*, reproche au parti démo-

Verbatim

"J'essaie de faire passer l'idée que le français, ce n'est pas seulement pour comprendre l'opéra et le théâtre de Molière."

Chantal Manès, responsable des services linguistiques à l'ambassade de France à Washington

Aparté

CORRECTION

« Pourquoi autant de Français et de Françaises se sentent-ils obligés de corriger nos fautes de langage ? C'est un mystère pour moi, poli américain qui n'oserait jamais corriger leurs erreurs en anglais », m'explique Ned, un Américain qui tient une chronique new-yorkaise sur Internet dans un français quasi parfait. « Ça me fait rire, en fait. Manifestement, ce n'est pas considéré comme impoli en France, alors qu'ici corriger l'anglais de quelqu'un qui n'est pas de langue maternelle anglaise, ce serait perçu comme désagréable, un peu snob, voire injuste. »

crate actuel. Si ses représentants actuels sont si mal perçus dans le cœur du pays, c'est parce que l'Amérique profonde le voit « comme le parti d'élitistes qui ne vont jamais à l'église et en savent plus long sur la grammaire française que sur la façon de changer un pneu ».

Parler français, c'est s'avouer déconnecté des masses. Le candidat John Kerry évitait de le faire en campagne. George Bush père, qui lui aussi parlait français, ne s'y risquait jamais en public. Apprenant que des mauvaises langues de l'administration Bush avaient dit de son mari qu'il avait « l'air français », Teresa Kerry, la fantasque et polyglotte épouse de John, n'a pas pu s'empêcher de répondre : « Je suis sûre qu'eux ne parlent même pas français. » Une réponse dont le camp républicain a fait ses gorges chaudes. La réponse de Teresa prouvait qu'elle n'était pas non plus vraiment américaine. Qui voudrait parler français ?

JEAN-FRANÇOIS CHÉRI EN CAMPAGNE

Tout semblait bien parti pour John Kerry lors des élections présidentielles de 2004. Les dix candidats aux primaires du parti démocrate s'étaient étripés pour affronter George Bush. Et lui en était sorti le premier, non pas en emballant les électeurs, mais parce que ceux-ci, rassurés par ses médailles gagnées au Vietnam, le croyaient « le plus éligible » (il faut toujours se méfier de ces raisonnements à froid).

Tout roulait donc pour le sénateur du Massachusetts, jusqu'au jour où un membre de l'administration Bush confia à la presse qu'il trouvait que le candidat avait « l'air français ». Les attaches françaises de John Kerry ne vont pas chercher bien loin. Sa grand-mère Margaret, mariée à un diplomate, a passé quelques années en France. C'est là que Rosemary, la mère de John, a rencontré son mari, un soldat américain avant de rentrer aux États-Unis. Sa sœur, Fiona, tante de John Kerry et mère de Brice Lalonde est restée en France, un pays que Kerry n'a connu qu'en vacances. Don Evans, le secrétaire au Commerce (puisque c'était lui la vipère) ne connaissait peut-être pas les liens de John Kerry avec la France. Sa remarque était probablement plus inspirée par ses manières un poil aristo et ses velours côtelés.

Ne dites surtout pas que John Kerry a des attaches françaises...

C'était bien assez. Les talk-shows conservateurs ont parlé d'abord du candidat « à l'allure française», l'ont rebaptisé « Monsieur Kerry » puis « Jean-François Chéri ». Tom Delay, le chef de file des républicains à la Chambre des représentants a pris l'habitude de commencer ses discours par « Good afternoon, or as John Kerry might say "Bonjour !" ». Et quand, revenant sur un discours passé, le démocrate se trompe entre l'après-midi et la soirée, les responsables de la campagne de Bush réagissent : « Sa montre était peut-être à l'heure de Paris. » À la Convention du parti, les républicains ont droit à une vidéo présentant leur adversaire démocrate sous les traits d'un petit caniche français. Un embarras pour le candidat qui peinait à convaincre le reste de l'Amérique qu'il n'était pas un buveur de bordeaux et que, comme eux, il aimait les hot-dogs. Honte à lui lorsqu'un site conservateur colporteur de rumeurs – le

Drudge Report – rapporte qu'au cours d'un déplacement en Pennsylvanie, le candidat a dépensé 1 000 dollars pour aller chez le coiffeur. Un coup de peigne signé d'une coiffeuse forcément française à ce prix-là ! Cette réputation, c'est une maladie dont John Kerry a tout fait pour se débarrasser. Dès le début des primaires, presque un an avant les élections, il patauge quand il est interrogé sur la position française en Irak : « Et les Français, sénateur ? Ce sont des amis ? Des ennemis ? Entre les deux ? » Le sénateur : « Les Français sont les Français. » Rires dans la salle. « Très profond, sénateur », coupe le journaliste Tom Brokaw dans le rôle de l'animateur. Rires dans la salle. Le sénateur : « Eh bien, croyez-moi, ça veut dire quelque chose. Je crois que la plupart des gens savent exactement ce que je veux dire. »
Lorsque des journalistes français lui posent une question en français, il donne une réponse en français, pas deux. À un photographe français qui le suit dans une traversée de l'Amérique, un assistant de Kerry demande gentiment de ne pas lui adresser la parole dans la langue qui fâche. Et Bernard-Henry Lévy qui l'a suivi en campagne pour le magazine américain *Atlantic Monthly* se souvient que son accent français lui avait valu une place dans le deuxième avion qui suivait le candidat, « avec les bagages et les moins importants. » À chaque fois qu'il demandait à rencontrer John Kerry, il se voyait répondre que le candidat se reposait.

« Et les Français, sénateur ? Ce sont des amis ? Des ennemis ? »

Pourtant la connaissance que John Kerry a du français lui a déjà été précieuse. C'est en français qu'il s'est amusé à bavarder avec sa future épouse Teresa Heinz, rencontrée au sommet de l'environnement de Rio. Pendant ses années au Vietnam, il traduisait des cartes et des documents en français pour ses camarades.
Alors qu'il reçoit un journaliste du *New York Times*, il se ridiculise en renvoyant les bouteilles d'Evian qu'on leur apporte (« Je hais ça ») et prend soin de préciser qu'il aime l'eau « pure américaine ». Encore deux mois après les élections, quand il rencontre Jacques Chirac à Paris, les journalistes lui demandent : « Vous vous êtes parlés en français ? » Non, non, les rassure Kerry, en anglais. « Mon français est trop approximatif. »

3e PARTIE

Ces Français qui nous énervent

... mais qu'on aime bien quand même

Chapitre 10

Le Français est “rude”

Le goût du sarcasme

Verbatim

“Les Français partent en vacances en août, le mois pendant lequel ils invitent les étrangers à visiter Paris.”

Lu dans la presse locale

L’épisode s’ouvre sur la pluie qui tombe sur la vitre. Le ciel est bas, bas, bas. Voilà l’Américaine seule dans la rue. Une petite fille, hissée sur les épaules de son père, la frappe sur la tête au passage, puis lui tire la langue. L’escarpin de l’Américaine dérape sur une crotte de chien. Trois petits vieux ricanent en la voyant nettoyer sa chaussure. Carrie (l’actrice Sarah Jessica Parker) est à Paris pour le dernier épisode de *Sex and the City*. Pubs, films et séries peuvent aussi glisser un garçon de café français snob et revêche pour faire comprendre au spectateur qu’on est bien en France.

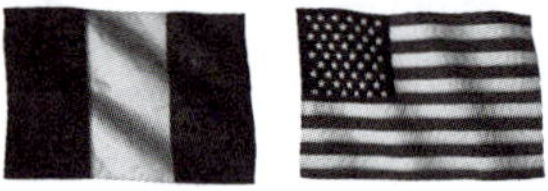

Le Français est *rude* (prononcer « roude »). Traduction : impoli, désagréable, mufle. Il faut faire un tour dans les librairies du côté des rayons des manuels d’éducation culturelle destinés aux Américains en visite en France (oui, on en trouve bien un rayon) pour comprendre à quel point c’est un sujet d’inquiétude pour ceux qui arrivent des États-Unis.
À quoi ça se reconnaît quelqu’un de *rude* ? D’abord le Français fait la gueule. Il n’a pas le sourire automatique comme l’Américain. Une Californienne soucieuse d’intégration m’a dit veiller à effacer le sourire qui lui vient spontanément lorsqu’elle se balade en France. Attention, prévient un manuel d’éducation culturelle à destination du public américain en

visite en France, les Français tendent à se méfier des gens qui sourient trop, et ceux qui sourient sans raison risquent de passer pour des hypocrites. Un autre guide avertit les Américains : « Ne marchez pas dans les rues en souriant à tout le monde. Les gens penseront que vous êtes mentalement fragile et peut-être dangereux. »

Lisa, une Américaine mariée à un Français, a dirigé l'antenne new-yorkaise d'une école de communication française. Elle devait expliquer aux étudiants français que dans les entreprises dans lesquelles ils feraient des stages, on s'attendrait à ce qu'ils accomplissent leurs tâches, de la photocopieuse à la machine à café, le sourire en bandoulière. « Eux pensent que les Américains sont idiots de sourire tout le temps.

Le Français est « rude ». Traduction : impoli, désagréable, mufle.

Hypocrites, disent-ils. Mais c'est parce qu'ils confondent amical et amitié. Pour un Français, on se comporte amicalement avec quelqu'un quand on veut gagner son amitié. Ici, on le fait naturellement et ça n'engage à rien d'autre. »

Au réceptionniste imbuvable du George V, Meg Ryan pose la question dans *French Kiss* : « C'est un truc de Français ou un truc de concierge ? »

Aparté

MALENTENDU

John MacDonald, d'Arizona, est rentré de France avec plein de bons conseils pour ses concitoyens qui choisiraient la même destination. « Si vous dites : "Comment ça va ?" à un Français dans la rue, il ne pensera pas que vous êtes cordial, juste que vous êtes fou. Il sait que vous ne vous souciez pas de son bien-être, donc n'essayez pas d'en donner l'impression. Si cela vous intéresse vraiment, restez et parlez-lui. » Il a trouvé une explication au fait que les Français passent pour des malpolis. « Chez vous, la réserve, c'est de la politesse. Chez nous, de la froideur. »

Aparté

VOUS M'AVEZ L'AIR CONSTIPÉ

Dans la version américaine de *Mon Père ce Héros,* Gérard Depardieu s'adresse à ses compagnons de vacances américains en français : « Donnez moi votre adresse que je vous évite en rentrant », aux uns, « Vous m'avez l'air très constipé ce soir » aux autres. Ses interlocuteurs, qui n'en comprennent pas un mot, opinent avec un air béat. (C'est comme ça que beaucoup d'Américains croient qu'ils seront traités s'ils se rendent en France). Même quand Depardieu converse avec d'autres touristes en anglais, c'est dans ce style direct garanti 100 % mufle qu'on attribue aux Français : « Vous formez un couple merveilleux et aurez certainement des enfants ennuyeux. »

Pour vous intégrer en France, « ne faites pas de compliments juste pour être poli », avertit un guide. Ils tomberaient à plat. Le Français ne donne pas dans la flatterie, ou seulement quand il le pense vraiment. Et puisque le compliment n'est pas automatique, la réponse devra être plus élaborée qu'un simple « merci ». Les manuels culturels conseillent aux Américains de donner dans le sobre, de traduire leur « fantastic » par un « pas mal ».

Autant épargner les Français, car peu coutumiers du compliment, ils semblent souffrir quand ils en reçoivent. C'est vrai, sur les standards américains, « on ne sait pas accepter un compliment, dire juste merci », confirme Maurice, un Français installé à Washington depuis un quart de siècle. « S'ils me disent j'adooooore votre cravate, je ne sais pas dire merci. Je dis : "Oh vous savez, elle est vieille" ou "Ben, j'ai pris la première qui se présentait ce matin." » Les Français, ces *blaséééés*, n'expriment pas leur pourtant légendaire joie de vivre.

D'ailleurs le Français est volontiers méchant. Ou plutôt sarcastique. Chez nous, c'est une marque d'agi-

Le Français est volontiers sarcastique. C'est une marque d'agilité de l'esprit. Vu d'Amérique, c'est simplement une prédisposition à la malveillance.

lité de l'esprit. Vu d'Amérique, c'est simplement une prédisposition à la malveillance. Lyn, une amie américaine qui enseigne le français à New York, en a fait l'expérience. À ses élèves de collège, elle montre régulièrement des films français. Dernièrement, *Le Dîner de cons.* Un des personnages du film est à la recherche d'un con à amener à son dîner de copains. Il tombe dans le train sur François Pignon (Jacques Villeret) qui lui montre l'album photo de ses constructions de monuments en allumettes. La cible parfaite ! Dans une salle de cinéma français, on s'en pète les tympans de rire. Dans la classe de Lyn, personne ne comprend. « Mais c'est vachement bien ce qu'il fait », protestent quelques élèves révoltés, admirant les miniatures en allumettes. Et c'est aussi méchant qu'injuste de le prendre pour un imbécile !

Comment ose-t-il parler sans arrêt de solidarité ? Le Français a l'air d'ignorer son entourage. Il fume sous le nez des femmes enceintes. Il a un oursin dans le porte-monnaie. Preuve qu'il n'a que faire des autres, le Français ne nettoie pas derrière son chien. D'ailleurs son chien a tous les droits. La stupeur qu'éprouvent les Français en visite aux États-Unis devant la tyrannie qu'exercent les enfants sur leur environnement n'a d'équivalent que l'incrédulité des Américains face à la place des chiens dans la société française.

Verbatim

"Je suis américaine, ça veut dire que quand c'est bien, je vous le dis. Quand ça ne va pas, je ne dis rien. Alors que chez vous les Français, c'est l'inverse."

Une productrice américaine de télévision installée à Paris, obligée d'expliquer son mode d'emploi aux Français qui travaillent avec elle

Aparté

PRUDENTS

À New York, les serveurs américains, quand ils repèrent une table française, rajoutent parfois au crayon sur la note de ne pas oublier le service.

« La France est depuis longtemps un pays où les chiens ont un statut social », note la correspondante du *New York Times.* « Les 8,8 millions de chiens qui vivent ici peuvent facilement prendre les transports en commun, gouvernent souvent les trottoirs et sont chaleureusement accueillis dans les restaurants » (mais peuvent être interdits dans les jardins publics). C'est comme l'odieux garçon de café, un raccourci efficace en télé ou en cinéma pour rappeler qu'on est en France. Le dernier épisode de *Sex and the City* plante un énorme cerbère dans le fauteuil raffiné d'une pâtisserie distinguée. Robert Altman macule les trottoirs de *Prêt à Porter* de crottes de chien. C'est notre célèbre talon d'Achille.

Rude encore dans les files d'attente. Aux États-Unis, elles sont impeccablement alignées en file indienne, espace vital devant, espace vital derrière, avec en avant dernière épreuve, la ligne jaune ou bleue à ne pas franchir en attendant son tour au guichet. En France, surprise, c'est chacun pour soi.
Plus dérangeant que la resquille, les Français ne respectent même pas les distances de la sphère d'intimité. Les Américains qui visitent nos stations de ski sont effarés que des skieurs puissent, dans la queue du remonte-pente, marcher directement sur les skis de leurs voisins. Dans une file d'attente américaine, comptez trente bons centimètres entre chacun.

Quand les Américains font la queue en France, ils ont l'attaché-case du voisin de derrière dans les genoux.

Comment le Français ose-t-il parler sans arrêt de solidarité ? Il a l'air d'ignorer son entourage, fume sous le nez des femmes enceintes...

Au distributeur automatique de billets, son souffle dans le cou. En voiture, ils roulent trop près, se garent trop près. Une agression pour l'Américain qui équivaut à notre envie de faire trois pas en arrière, agressés par leur volume sonore.

Les Américains sont interdits par le spectacle de la circulation place de la Concorde. *Risquéééé !* En 1966 déjà, Jack Kerouac décrit son effroi face à la circulation de la place de l'Opéra, il voit au volant des bolides qui arrivent sur lui, « un Français convaincu qu'aucun autre n'a le droit de vivre ou d'arriver chez sa maîtresse avant lui ».

D'ailleurs, il sera probablement en retard. « Quand vous êtes invités, n'arrivez jamais en avance, mais jusqu'à une demi-heure en retard », indique aussi un manuel, car le Français n'est pas ponctuel. Et si vous êtes en retard, ne perdez pas de temps à vous confondre en excuses, car un Français ne le ferait pas, ou alors en accusant son emploi du temps, ou ceux qui l'accompagnent.

Aparté

CROTTOIRS

Quelques semaines après le 11 Septembre, j'étais dans le bureau d'Ed Koch, l'ancien maire de New York connu pour avoir sauvé la ville de la faillite à la fin des années 70. Je venais lui demander si les attaques terroristes faisaient peser une menace sérieuse sur les finances de la ville. Tout à trac, il rétorque pour me clouer le bec : « Et vos crottes de chiens sur les trottoirs ? » Il s'en souvient, quand il a rencontré Chirac, alors maire de Paris, celui-ci l'a pris à part : « Dites-moi, Edward, comment avez-vous fait pour vous débarrasser de vos crottes de chiens ? » Il en rigole encore de ce type, aujourd'hui président, qui voulait tout savoir sur « the dog shit law. » Dans les grandes villes américaines, les élégantes ramassent derrière leur chien. Les Français, non.

Verbatim

“En France, dans les commerces, les gens ne le prennent pas mal s’il y a 15 personnes à la queue, deux guichets ouverts et les deux personnes derrière qui discutent.”

Meg, étudiante américaine de retour de France.

Car aux yeux des Américains, le Français ne s’excuse jamais. Il est têtu, ne change pas d’avis. Et, contrairement à l’Américain, il ne met pas un point d’honneur à assumer la responsabilité de ce qu’il fait. « Si quelque chose plante », raconte une Américaine qui travaille en France (et préfère que je ne donne pas son nom parce qu’elle a une famille à nourrir), « ils vous font comprendre que “c’est comme ça, parfois il y a des merdes” (ou, comme on dit en anglais “*c’est la vie**”) alors que les Américains vivent dans le mythe qu’ils contrôlent tout ».

« Le malentendu vient aussi du service dans les restaurants », raconte John MacDonald, notre touriste de Phoenix, au retour de sa semaine en France. « Chez vous, le service est

Les Américains s’étonnent de voir que pour les Français, les lois ne sont pas un absolu, mais un cadre de référence vaguement indicatif.

inclus, pas chez nous. Ici, le serveur arrive à la table. Il nous dit comment il s’appelle, nous parle de sa famille, revient quatre fois nous demander si tout va bien, remettre de l’eau dans nos verres. Chez vous, j’ai mis du temps à m’habituer à l’idée qu’après avoir vu mon assiette arriver, je ne reverrai plus mon serveur. »

* *In French in the text.*

Même chose au supermarché. Habitué à « bonjour, je m'appelle Lacy, comment allez vous aujourd'hui ? Y a-t-il quelque chose d'autre que je puisse faire pour vous ? », à la caissière qui lui range ses courses (« un sac ou deux sacs ? »), l'Américain est désorienté par le traitement que lui réservent les commerçants français. Le *New York Times,* à côté d'un article sur les 35 heures en France, publie la photo d'une boulangère intraitable qui fait un signe non, non à une cliente qui supplie pour qu'on lui ouvre.

Ah ! les heures des boutiques... C'est un des sujets de prédilection des réunions à Paris de l'association des femmes américaines mariées à des Français. « Ça et les magasins fermés le dimanche ou à l'heure du déjeuner », raconte une de ses membres. Le commerçant français dicte sa loi au client, et non l'inverse comme aux États-Unis.

Les Américains s'étonnent de voir que pour les Français, les lois ne sont pas un absolu, mais un cadre de référence vaguement indicatif, avec des choses à prendre et à laisser. « Dans un parking, les Français prennent d'abord les places autorisées. Après, on peut prendre ce qu'on trouve », raconte Meg, jeune Américaine, médusée au retour d'un échange universitaire en France.

Vu des États-Unis, un pays où les politiciens (et les juges) se font élire en surenchérissant sur celui qui sera le

Aparté

UNE ÂME DE VOLEUR

Dans le film *French Kiss,* Kevin Kline, qui joue le rôle d'un escroc français, dérobe dans l'avion quelques mignonnettes du chariot de l'hôtesse de l'air. Deux vieilles peaux françaises aux airs de demi-mondaines piquent savons, shampooing et tout ce qu'elles peuvent rafler dans le grand hôtel de *Maid in Manhattan.* Une pub pour des cartes de crédit attire l'attention sur les risques de vol d'identité, « mais ce n'est pas John, c'est Maurice ». (Un jour, il faudra aussi expliquer aux Américains que tous les Français ne s'appellent pas Maurice.)

plus « *tough on crime* » (impitoyable face au crime), l'idée d'amnisties présidentielles est simplement édifiante. Les gouverneurs américains usent de leur droit de grâce avec parcimonie, les pardons présidentiels se font souvent en catimini, et sont systématiquement controversés dans un pays où toute concentration de pouvoir est suspecte. Aux États-Unis, on ne s'associe pas aux sympathiques transgresseurs des lois, mais à ceux qui l'appliquent. La délation n'est pas connotée Vichy. Les véhicules commerciaux portent souvent à l'arrière des autocollants indiquant un numéro de téléphone à appeler au cas où le conducteur conduirait comme un pied.

Et pas question de tricher. Pendant un voyage au Pérou, j'ai passé quelques jours dans un hôtel avec une classe de jeunes étudiants américains en voyage d'études. Un matin, je les trouve en plein examen, installés aux quatre coins du jardin. Leur prof vient discuter avec moi. Il leur tourne le dos. Je regarde : pas un seul n'en profite pour tricher. Pas un regard de biais, pas un rapprochement, j'en suis malade pour eux de toutes ces occasions manquées.

Aux États-Unis, on ne s'associe pas aux sympathiques transgresseurs des lois mais à ceux qui l'appliquent.

Aparté

COMPLAISANCE

Pour un reportage sur la chute de la criminalité à New York, je rencontre Bill Bratton, l'ancien super flic qui a révolutionné les méthodes de la police de la ville. Sur son bureau, un article du *Christian Science Monitor* raconte comment des jeunes des quartiers en France ont mis le feu à des voitures. Il y a aussi aux États-Unis des jeunes qui ont les mêmes ingrédients sous la main : de la colère, de l'essence, et des voitures. Pourquoi ne font-ils pas la même chose ? « On tolère chez vous un degré de désobéissance civile qu'on n'accepterait pas ici », répond le commissaire, lapidaire.

Que la triche puisse exister en France, y compris dans les grandes écoles a longtemps été inconcevable pour des Américains. Une université impliquée dans un programme d'échange universitaire avec une grande école de commerce française a préféré suspendre leur accord à cause de la triche généralisée des Français.

« Pour un prof américain, c'est une brèche dans un code moral », explique Lisa, la directrice américaine d'un établissement qui accueille des étudiants français. « Je devais expliquer à nos profs que pour des étudiants français, ce n'est pas un dilemme moral, que leur seul problème, c'est de ne pas se faire prendre à tricher. »

Meg est aussi tombée de sa chaise en arrivant dans une université française la première fois que, le prof sorti, son voisin lui a demandé les réponses. Dans son université américaine, on lui avait fait signer un « code » où elle s'engageait à ne pas tricher.

Mais en France, c'est bien connu, tout le monde bidouille et trifouille.

Verbatim

"Tordre la vérité est rarement un péché mortel dans la vie politique française."

Le *New York Times*, à propos des problèmes immobiliers d'Hervé Gaymard

Chapitre 11

Le Français sent mauvais

Une réputation tenace

Verbatim

“La foule de manifestants a brûlé des pneus, apparemment pour neutraliser l’odeur des manifestants français.”

Jon Stewart, dans son faux journal le *Daily Show*

Pepé Le Pew, le putois des *Looney Tunes,* sent. À faire faner les fleurs, à faire fondre les statues. Toujours à la télévision, dans un épisode des *Simpsons*, Marge veut mettre son mari dehors. Il proteste : seul, il est incapable de s’occuper de lui, et après une semaine, prévient-il, il sera « aussi sale qu’un Français ». Dans *King of the Hill*, un autre dessin animé de Fox planté au Texas, Peggy balance à Bill : « Même en France, ils remarqueraient ta mauvaise odeur. »

Rush Limbaugh, affreux francophobe animateur d’un talk-show populiste, lit à l’antenne une brève sur les dangers pour la santé de l’utilisation de certains déodorants. « Je comprends pourquoi ils sont en si bonne santé en France. »
Le comique réac Dennis Miller puise dans le même tonneau : « Les ordures s’empilent dans les rues de villages près de Naples en Italie. Les habitants de Naples ont compris qu’ils avaient un problème quand même la France s’est plainte de l’odeur... »
Des relents de la puanteur française reviennent au moment de la brouille sur l’Irak. Le *New York Post* écrit à propos de l’opposition des Français à l’intervention armée : « Mais de toutes façons, les Français sont opposés à tout, y compris à la curieuse habitude des Américains de prendre une douche par jour. » Après la chute du régime de

Saddam Hussein, une bande dessinée publiée dans le magazine *Time* moque les intentions de Washington de « punir » les Français pour leur opposition à la guerre en Irak. « On n'a qu'à leur faire prendre un bain à tous. » entend-on dire dans cette Maison Blanche de bande dessinée.

À l'arrivée de Français, la narine se retrousse, suspicieuse. Lisa, l'Américaine qui encadre le programme new-yorkais d'une école de communication française, a été confrontée au problème. Des entreprises qui accueillaient des étudiants français en stage lui ont signalé leur drôle d'odeur. Elle est certaine que les étudiants ne dégageaient pas plus d'effluves désagréables que d'autres. Procès d'intention parce qu'ils arrivaient de France.

Les Français puent-ils vraiment ? Le sujet est difficile à aborder avec des amis. « Maïs si ! ton père par exemple », jette Steve, le mari américain de ma copine Rachelle. Il va chercher dans son placard une veste de cuir achetée aux Puces à Paris. « Voilà, c'est l'odeur du

À l'arrivée de Français, la narine se retrousse, suspicieuse.

Français. Je l'ai donnée au teinturier et ça ne part pas, ce mélange de transpiration et d'eau de Cologne. » Johnette, l'ancienne étudiante à Paris, est convaincue que cette

Aparté

MALPROPRE

Étudiante dans le Connecticut, ma cousine Amélie se souvient de son arrivée sur le campus universitaire. Elle s'installait avant l'étudiante américaine avec qui elle allait partager sa chambre. « Ma future colocataire savait qu'elle allait devoir partager sa chambre avec une Française et avait demandé à la responsable de notre étage de me poser une question : est-ce que j'utilisais du déodorant ? »

Un étudiant américain me raconte encore qu'enfant, lorsqu'il refusait de passer sous la douche, ses parents râlaient : « Ah, fais pas ton Français ! ».

Verbatim

“Quand Marseille se trouve au milieu d’une grève des éboueurs, avec des tonnes de poubelles pourrissant dans les rues, le gouvernement français passe à l’action. Il arrose les poubelles de parfum.”

Gene Weingarten, du *Washington Post*, à propos du désinfectant parfumé à la citronnelle

odeur vient de ce que « les Français peuvent porter leurs vêtements deux ou trois fois pendant la semaine. Ici tu portes quelque chose, tu le laves ».
Les Français résisteraient au mouvement d’aseptisation. « Chez vous, tout sent », résume Debra Olliver. « Il suffit de passer à travers un marché entre les légumes et les fromages. Nous, on a une culture antiseptique. On est des affolés de l’hygiène. On nettoie tout : nos fruits, notre voiture, nos enfants. » Elle se souvient de la visite d’une copine américaine à Paris. Au marché, elle était restée stupéfaite de voir la crémière toucher du fromage sans gants. En rentrant, sa copine lui avait dit : « Mais tu ne vas pas manger ça. »

Témoignage de notre résistance à l’aseptisation, l’odeur s’accompagne aussi, selon eux, d’une présentation plus approximative : poils sous les bras et dents jaunies. « Au fait, merci pour la statue de la Liberté », balance dans son talk-show Dennis Miller, un comédien à la francophobie putassière, « il nous a seulement fallu deux ans pour lui raser les poils qu’elle avait sous le bras. » (C’est sûr que la deuxième aisselle est plus difficile à raser.)

Les Français résisteraient au mouvement d’aseptisation. « Chez vous, tout sent »

Le plus curieux, finalement, est que cette réputation des Français empestant puisse cohabiter avec celle des Français sexy et sophistiqués. John MacDonald est rentré de ses vacances en France emballé par la beauté des Françaises, qu'il a trouvé bien plus naturelles (« Je ne me souviens pas avoir vu une paire de faux seins ») que les Américaines. « Si ça signifie ne pas se doucher et ne pas se laver tous les jours, alors ainsi soit-il. »

Verbatim

Une Américaine raconte qu'entre copines américaines installées à Paris, elles surnomment la ligne 7 du métro parisien « l'aisselle en mouvement ».

Chapitre 12

Difficile de se faire des amis français

Peut-on vraiment compter sur eux ?

Verbatim

"Compter le plus de gens possible comme ses "amis", et ainsi être "populaire" n'est pas un idéal français."

Un guide pour les visiteurs américains

Parmi les premières observations de son premier voyage en France, cet Américain marié à une Française a relevé quelque chose d'inattendu. « Aux États-Unis, les gens exagèrent facilement leur nombre d'amis. L'obsession c'est d'être populaire. En France, les gens font la distinction entre leurs amis et leurs intimes. »

Debra Ollivier note dans son livre que la Française est moins pragmatique que l'Américaine lorsqu'elle présente des gens mutuellement. « Vous ne l'entendrez jamais dire : "Voilà Pierre. Il est avocat. Il habite le 17e. Il vient juste d'avoir une promotion, et devine quoi, il est célibataire." »

Un autre manuel observe encore le caractère étrangement désintéressé des amitiés françaises. « Les Français ne cherchent habituellement pas à se faire des amis parmi leurs relations professionnelles. Ils préfèrent choisir leurs amis en fonction de leur personnalité qu'en fonction de leur utilité professionnelle. » Tiens.

Les amitiés, plus rares, sont réputées plus solides. « En France, c'est difficile de se faire des amis. Mais ceux que tu te fais à 16 ans, tu les as encore à 60 ans. Faut vraiment faire des choses horribles pour que des

L'Américain s'étonnera de pouvoir terminer une bavette avec un Français sans avoir entendu son nom.

amis te laissent tomber », explique une Américaine anciennement étudiante en France et qui a conservé ses amitiés de l'époque.
Espérer avoir des amis à vie en y mettant le temps quand on débarque pour quelques mois ou quelques années... La belle affaire ! La perspective ne suffit pas à faire patienter. « Parfois je me disais que je préférerais m'amuser superficiellement que de devoir en baver en attendant des amitiés profondes mais difficiles à établir », se souvient Debra Ollivier à propos de ses premières années à Paris. Se faire des amis français est un véritable parcours du combattant.

Pour commencer, le Français ne se présente pas. Il peut vous parler, vous expliquent les Américains, sans même vous dire son prénom. Pas de « *By the way, I'm Bob* » dégainé avec une main tendue, entre deux phrases parce que l'interlocuteur américain estime être arrivé au point d'inflexion de la conversation. L'Américain s'étonnera de pouvoir terminer une bavette avec un Français sans avoir entendu son nom.
La tendance des Français à ne pas aborder certains sujets est aussi très déconcertante pour un Américain. « C'est une culture confessionnelle », fait valoir Debra Ollivier. Elle énumère dans son livre les informations que la Française garde pour elle : « Secrets de famille, secrets de mariage (son mari a-t-il une

Aparté

PORTES CLOSES

Curieux ces stores et volets fermés. Étonnantes, les portes closes dans la maison. Tiens, la maîtresse de maison ne fait pas visiter les lieux. Johnette a habité six mois chez des proches, « Je n'ai jamais vu la chambre de la mère ! », s'étonne-t-elle encore aujourd'hui. La maison des Français n'est pas ouverte comme celle des Américains. Les guides à destination des visiteurs américains doivent leur rappeler de « ne pas suivre leur hôte à travers la maison. »

Aparté

ANIMAUX SOLITAIRES...

L'Américaine ne trouve pas non plus en arrivant chez nous de bande à laquelle prendre part. Dans son livre, Debra Ollivier note que « vous ne la verrez pas (la Française) avec un troupeau de collègues esclaffées à boire des margaritas après le boulot ». Pourquoi ? « Parce que vous verrez rarement des troupeaux de Françaises où que ce soit. Elles ne circulent pas en cliques. »

maîtresse ? est-elle une maîtresse ?), tout ce qui a trait à l'argent (combien elle gagne, le prix de sa voiture), sa taille de vêtements... »
Pendant mes premières années à New York, j'ai été étonnée par ces grandes tablées de filles (ou exclusivement d'hommes) dans les restaurants. Aux mariages, les hommes ont leurs *best men*, les femmes alignent leurs *maids of honor*, des amitiés monosexe héritées des *fraternities* et *sororities* de l'université. Les femmes ont leur soirées *girls-only*. « Je peux dégirliser la soirée ? », demande une Américaine à ses copines, parce qu'elle n'a trouvé personne pour garder son fils.

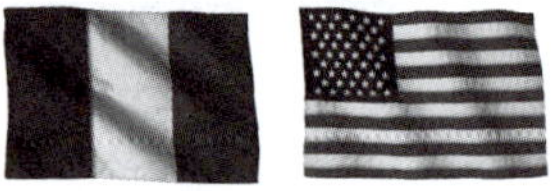

En France, les Américaines ne trouvent pas la même solidarité féminine : le concept de *sisterhood* n'a tout simplement pas de traduction française. « Les Françaises considèrent d'abord les autres femmes comme des rivales potentielles », raconte Debra Ollivier. « J'ai souvent entendu des Françaises dire d'une autre femme : "Elle n'est pas jolie." Je trouve ça dur. Elles sont très critiques. Elles pourraient être plus indulgentes. »

L'appui des amis américains est sans faille. Ils n'ont pas de fonction de miroir, mais de soutien moral.

L'appui des amis américains est sans faille. La bonne copine qui balance « T'aurais pas un peu pris des fesses ? » n'existe pas dans ce pays. Les Américains trouvent déroutant que l'amitié à la française ne se traduise pas par un soutien inconditionnel. Chez eux, peu importe que leurs amis aient tort ou raison. L'ami n'a pas fonction de miroir, mais de soutien moral. Autant dire que les efforts de la diplomatie française après le différend sur l'Irak pour expliquer à l'opinion américaine qu'un « bon ami, c'est quelqu'un qui vous dit quand vous vous trompez » étaient complètement incompréhensibles.

La surprise américaine au moment de l'opposition française à une intervention en Irak était bien sincère. « Ils sont morts en France mais la France a oublié », titrait en une le *New York Post* au dessus d'une photo des tombes des soldats américains enterrés à Colleville-sur-Mer.

« C'est comme dans une histoire d'amour, lorsqu'on se sent blessé, le ressentiment est bien plus violent », explique Dan, le créateur des sites internet FranceStinks.com et GermanyStinks.com pour justifier que le premier génère cinq fois plus de trafic que le second.

Aparté

GREAT !

En Californie, j'avais prévu de partir quelques jours avec un amoureux dans le désert de l'Ouest.
« Formidable, m'ont dit mes collègues, tellement romantique. »
Et puis, on s'était disputé.
« Formidable, m'ont dit mes collègues, le désert, pour l'apprécier, il faut être seul. »
Finalement, on s'est rabibochés, il est venu me rejoindre.
« Formidable, m'ont dit mes collèges, tellement romantique. »

Chapitre 13

Les Français et la conversation

Ils aiment s'écouter

Verbatim

“Un Français peut arrêter un parfait inconnu dans la rue pour lui demander son chemin mais il n’envisagerait même pas de faire un peu de conversation avec celui qui attend derrière lui dans la queue du supermarché.”

Un manuel culturel pour les Américains visitant la France

« En France, même les hommes aiment parler ! » C’est Ray, un avocat new-yorkais, qui m’a fait part de sa découverte en rentrant de France. Les Américains s’amusent de notre fascination pour les beaux parleurs, la rhétorique, l’art de la petite phrase en politique, le grand oral de l’ENA. En France, il faut habiller ses idées, les mettre en forme. « On ne peut pas être trop direct, sinon on passe pour un idiot », résume un prof américain.

Les Français sont bavards. Y compris dans des situations qui ne semblent pas justifier d’échange verbal pour des Américains. « Les Français ne regardent pas les cartes, les guides, les horaires de train ou le mode d’emploi d’une machine qu’ils viennent d’acheter », explique un manuel culturel prévenant les visiteurs américains que les Français préfèrent poser la question à quelqu’un.

« Ils peuvent parler de sujets extérieurs », s’émerveille encore Ray. « Ici on se parle de nos voisins. Eux, ils peuvent parler de n’importe quoi, comme des Nations Unies. Évidemment, il vaut mieux s’intéresser à des sujets extérieurs quand on veut continuer à parler, on peut tenir plus longtemps. » Et quand eux cherchent les arguments pratiques d’une discussion, ils s’étonnent de voir les Français s’obstiner à tirer vers plus d’abstraction.

La forme les édifie autant que le fond. Pour les raisons évoquées au chapitre précédent, tandis qu'un groupe d'Américains discutant cherchera à estomper ses différences,

La critique nous est naturelle.

défendant le consensus avant tout, les Français cherchent la confrontation, ce qui « n'est pas une atteinte à l'harmonie d'un groupe », prévient un manuel pour les expatriés américains. Interrompre quelqu'un chez nous peut toujours être interprété comme une marque d'intérêt pour la conversation, pas forcément de la grossièreté.

Les Français sont *contrarian* entend-on (ils ont l'esprit de contradiction). Au moment du conflit sur l'Irak, certains, y compris dans le camp des anti-guerre américains, étaient convaincus que la France s'était opposée à la décision américaine par simple esprit de contradiction.

La critique nous est naturelle. Un rédacteur en chef de la chaîne ABC m'expliquait qu'une fois, inquiet des controverses que pourrait créer l'un de ses reportages, il l'a montré à une de ses journalistes françaises pour en avoir le cœur net. « Elle est française : elle est bonne pour avoir l'esprit critique. »

« Ils critiquent tout », dit Tanya, une *brunette** américaine mariée à un Français, à propos de leurs amis qui viennent de leur rendre visite de

* *In French in the text.*

Aparté

LA MANIE DE FINASSER

« Ça a l'air de marcher en pratique, mais est-ce que ça marche en théorie ? », raillent les Américains pour caricaturer la préférence des Français pour la discussion plutôt que pour l'action. « Si vous dites à un Américain que ce mur est blanc, il est blanc », explique un Américain. « Si vous dites ça à un Français, il vous dit : "Attendez, y a blanc et blanc. C'est peut-être ivoire, ou blanc cassé. Et qui a dit que c'était blanc d'ailleurs ? Ce ne serait pas quelqu'un qui aurait des arrière-pensées politiques ?" »

Verbatim

“En France, dans une conversation, un partenaire peut critiquer l’autre sans que cela reflète l’état de leur mariage.”

Un guide américain à propos de notre sens de la querelle

France. « Même un jardin botanique... On va se promener au jardin botanique, ils arrivent à critiquer un jardin botanique ! »
De retour de France où il a vécu deux ans, Doug, le scientifique, remarque que « l’échelle de l’enthousiasme parisien va de “jamais” à “beuh”, puis “bof” jusqu’au maximum du “oui, ça va à la limite” ». Alors qu’aux États-Unis, positiver est une gymnastique naturelle.

« J’ouvre le frigo et je dis “Est-ce qu’il y a du lait ?” », raconte une Américaine mariée à un Français, « alors que dans la même situation, mon mari dit d’emblée, avant même d’ouvrir la porte, “Y a pas de lait”. » Elle préfère dire « probablement pas » que « non ». Être « négatif » aux États-Unis, c’est mal. Or le Français « se plaint », voire « geint » ou « pleurniche » pour reprendre les termes des talk-shows conservateurs quand ils décrivent l’activité diplomatique de la France sur la scène internationale.

4e PARTIE

Ces Français qu'on ne comprend pas

Chapitre 14

Le Français n'est pas un bourreau de travail

Mais quand bossent-ils vraiment ?

Verbatim

"Le président Bush prend un mois de vacances au Texas. Il se prend pour un Français ?"

Bill Maher

On est en week-end. Le *New York Times* en profite pour passer plus de sujets « légers ». Samedi, article sur le succès en France de *Bonjour Paresse*, le livre de Corinne Maier prêchant de travailler aussi peu que possible. Dimanche, nouvel article sur ces Européens un peu trop chanceux dont les longues vacances irresponsables pourraient être remises en cause. La photo : des chaises et des tables de café vides (pardi, ils sont tous à la plage.)

« Combien d'articles un journal peut-il publier sur la semaine de travail en France ? », me demande Ed en reposant le journal. Vu d'un pays où la plupart des entreprises accordent deux semaines de congés payés, où beaucoup prennent un petit boulot le soir ou le week-end pour arrondir les fins de mois, où l'on avale son sandwich à midi en évitant de mettre des miettes sur le clavier (deux Américains sur trois déjeunent à leur bureau), le Français n'en fait pas lourd. L'Américain travaille 300 heures de plus par an que le Français. Non seulement les Français décrochent presque trois fois plus de vacances que les Américains (37 jours contre 13) mais, s'étonnent les Américains en visite, ils n'en font rien ! L'idée de monter un petit commerce en douce avec les heures récupérées ne semble traverser l'esprit de personne, alors que ce serait la première tentation d'Américains dans la même situation.

« Je ne sais même pas ce qu'on en ferait si on avait cinq semaines de vacances », raconte John MacDonald, notre touriste d'Arizona. « On n'a pas grandi comme ça. Mon père a eu droit à une semaine de vacances toute sa vie. C'est seulement à la fin de sa vie professionnelle que, grâce à l'ancienneté, il a eu droit à une deuxième. »

Dans les entreprises américaines qui ont des filiales en France, le ressentiment est à son comble en septembre : rien ou presque n'a avancé dans les filiales françaises pendant le mois d'août. Le pire, c'est que les collègues de France assument totalement leurs vacances.

Ted Stanger, le correspondant de *Newsweek,* auteur de *Sacrés Français,* s'est étonné dans une interview que le président Chirac n'ait pas immédiatement interrompu ses vacances pour rentrer à Paris au moment des morts causées par la canicule. La presse américaine a tiré à boulets rouges sur ces Français résolus à partir en vacances quoi qu'il arrive.

Le travail semble n'être qu'une si petite partie de la vie dans un pays où, note le *New York Times* « on travaille pour vivre et non l'inverse ». « Dans la rue, les Français marchent lentement », note encore mon voisin Ray, dont le fils a appris à dire *"fuck*

L'Américain travaille 300 heures de plus par an que le Français.

Aparté

INTERROGATION

« La première fois que je suis allé en France », raconte Ray Ragues, un voisin de quartier *workaholic* marié à une Française, « quand on est arrivés chez elle, il y avait tout le monde, les sœurs, les maris, les petits copains. Je me suis dit, "Tiens, on est un jour de semaine, personne ne bosse ?" J'ai pensé que c'était probablement exceptionnel, un geste pour mon arrivée. Le lendemain, pareil. Et ceux que je rencontrais, je ne sais pas si c'est propre à sa famille, mais ils ont toujours des boulots qui n'en sont pas, genre ethnologue ou expert du Moyen Âge. On dirait que personne n'est comptable ou informaticien. »

Verbatim

"Vous vous souvenez du nombre de Français morts pendant la canicule, et qu'il n'y avait pas assez de médecins pour les traiter. On en a appris un peu plus sur ce que donnait un pays socialiste avec des médecins qui travaillent 35 heures par semaine."

Une chroniqueuse d'un site ultra-républicain

you" à 3 ans en écoutant son père au volant l'emmener à la crèche avant de filer au bureau. « Ce n'est pas naturel de marcher aussi lentement. C'est juste parce qu'ils ne veulent pas aller au travail. Ce n'est pas leur priorité », dit-il en s'improvisant ethnologue. « Pour savoir qui vous êtes, ils peuvent aussi vous demander quels livres vous lisez », ajoute-t-il encore plus perplexe.

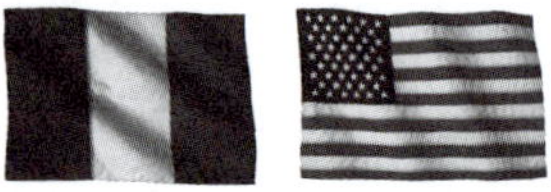

Au moment de l'affaire Gaymard, le *New York Times* remarque que les Parisiens « demandent souvent à quelqu'un où il habite avant de lui demander ce qu'il fait comme métier ». Même surprise pour Jennifer, Américaine mariée à un Français. Installés dans le 17e arrondissement, ils ont sympathisé avec leur voisin d'immeuble, au point d'être déjà partis en vacances ensemble. Elle est estomaquée : « Je ne pourrais pas vous dire ce qu'il fait dans la vie. »

Des gens qui ne parlent pas de leur travail, cinq semaines de congés payés, des semaines de 35 heures, des déjeuners de trois heures... L'économie française semble tenir du miracle, et, à les écouter, on finira par le payer. Si ce n'est déjà fait ! Les morts de la canicule de l'été 2003 en France sont exhibés dans les médias américains comme un des effets pervers des excès de vacances. Notre régime de travail allégé serait la source de tous les maux.

Des États-Unis, l'économie française s'observe souvent avec un poil de condescendance. Des lois sur le travail rigides. « Des impôts élevés. Trop de bureaucrates. La France est un pays qui ne devrait pas fonctionner. Et pourtant si… », écrit, en introduction, un article du magazine américain *Fortune* de 2000 consacré à l'économie française. Les pages économiques du *New York Times*, du *Wall Street Journal* et la presse financière s'attardent peu sur la France. Les technologies de pointe du TGV à l'Airbus n'ont pas participé à une réputation industrielle de la France dans l'imaginaire collectif américain.

Les Français sont des gens pas très sérieux, un brin charlatans, de passage en touristes dans le monde du business.

« Pour information, les plus grosses exportations de la France sont les machines et équipements de transport, mais qu'est-ce que vous préférez trouver dans vos lectures de cet été : des pelleteuses ou un bon bordeaux ? », interroge un critique du magazine *Time* à propos d'un roman anglais se déroulant dans le milieu viticole français.

Ne parlons même pas de notre industrie automobile encore plombée par l'échec de Renault LeCar. Dans le film *French Kiss*, la file de taxis à l'aéroport aligne les vieilles DS. Oui, oui,

Aparté

UN BOEING AUX 35 H

Pendant l'été 2004, un vol Denver-Chicago est détourné à cause du mauvais temps vers l'aéroport de Milwaukee, sur les bords du lac Michighan. Les passagers arrivés le soir ne pourront débarquer que le matin. La seule porte de l'aéroport était occupée par un gros 777 d'Air France, et l'avion français, explique-t-on, ne peut pas bouger parce que le personnel ne peut pas dépasser les 35 heures. Sur CNN, on raconte la nuit des 155 passagers dans un avion au sol, avec des biscuits apéritif et un peu d'eau. « Les Français, faut vraiment les aimer », commente le journaliste.

Verbatim

“Aux États-Unis, si on vous fixe un objectif de 3,2 % de croissance et que vous arrivez à 2,8 %, on vous dit que vous êtes virés. Ici, on dit « 2,8 ou 3,2... après tout, quelle différence... »”

Une Américaine qui travaille en France.

on parle bien du film de 1995. Et la dernière fois que j'ai entendu parler de Peugeot aux États-Unis, c'était à l'époque du conflit sur l'Irak : des disc-jockeys d'Atlanta offraient à leurs auditeurs la chance de taper sur une Peugeot à coup de massue.

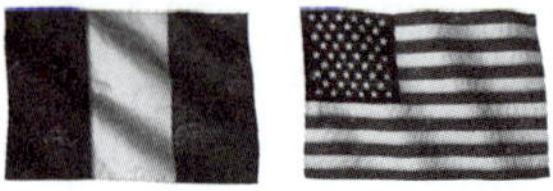

Les Français sont des gens pas très sérieux, frivoles, un brin charlatans, de passage en touristes dans le monde du business. Comme dans cette conférence sur l'avenir du journalisme économique, la présentatrice d'une chaîne d'information financière retrace l'histoire de leurs programmes : « C'est à cette époque-là qu'on a commencé à s'adresser aux Français. » Aux Français ? Dans la salle, où chacun sait que la chaîne n'émet qu'aux États-Unis, on fronce les sourcils. La presque vedette s'explique : l'expression « les Français » est un code dans sa rédaction pour désigner, parmi les téléspectateurs, ceux qui n'y connaissent rien en finance et qui se donnent pourtant le frisson en boursicotant.

Quant à nos avancées technologiques, elles semblent être le fruit du hasard plus que de notre savoir-faire

Comment peut-on payer son addition d'un coup de carte à puce dans un restaurant encore équipé de toilettes à la turque ?

(en français *know-how*). Entre archaïsme et Airbus, les Américains ont l'impression de jouer à la roulette russe en matière de technologie. « Les Français ont sauté du XIXe au XXIe siècle... Ils sont passés du ridicule au sublime », note un guide à propos des sanisettes Decaux. Comment la cinquième puissance économique de la planète peut-elle s'appuyer sur des analyses graphologiques pour recruter des cadres ? Comment peut-on payer son addition d'un coup de carte à puce dans un restaurant encore équipé de toilettes à la turque ?

Le monde du travail même ne semble pas plus carré. Les portes des bureaux français, par exemple, restent fermées, fait rarissime dans une entreprise américaine, *sexual harassment* oblige. Mais tandis que la porte fermée aux États-Unis l'est véritablement, les employés français la traitent, eux, comme un obstacle transparent, déboulant dans la pièce après avoir toqué sans attendre de réponse.

« Ici, il y a plein de choses qui avancent informellement », décode cette New-yorkaise qui travaille pour une entreprise américaine installée en France et a compris « ce que les gens peuvent accomplir avec un déjeuner » : « Quand on est ici, on voit que ça marche. Mais ceux qui travaillent au siège aux États-Unis n'en perçoivent que des gens qui ne rappellent pas quand on leur a laissé un message. » Et les Français tournicotent autour du pot, aux yeux de l'Américain qui débarque. Les Américains, sitôt assis, dégainent

Aparté

SAUVONS LE PDG

Le tollé que soulève au printemps 2002 l'éviction de Pierre Lescure de Canal + apporte la preuve de l'irrationalité du monde des affaires français. « Comment le licenciement d'un cadre de l'audiovisuel peut-il provoquer tant d'indignation ? », s'étonne le *Los Angeles Times*. « Canal + ayant perdu de l'argent pendant cinq années consécutives, le licenciement semblait éminemment raisonnable », remarque un éditorialiste du *Washington Post*. « Mais la classe politique française voit le profit comme un étrange complexe américain. » Des gens peuvent descendre dans la rue pour un chef d'entreprise licencié ?

Aparté

ACCUEIL

En rentrant de son congé de maternité, Jennifer, une Américaine qui travaille en France pour un grand groupe américain, a été soufflée de voir que ses collègues avaient prévu un pot pour son retour. « Aux États-Unis, je me serais demandée si j'allais retrouver mon boulot en rentrant. » Les Américains qui travaillent en France, après plusieurs années d'expat, apprécient un peu de sucre affectif dans leur quotidien professionnel.

leur carte de visite tandis que les Français pourront attendre la fin de la réunion. Au lieu d'entrer dans le vif du sujet, les Français commencent par des considérations générales, un petit laïus sur le climat général, quelques détours sur l'état des marchés. Perturbant pour les Américains qui attendent de discuter chaque détail.

« L'Américain pense en terme de résultat. Il ne comprend pas que le Français s'attache autant à la perfection du raisonnement », résume Dean Foster, qui forme des cadres américains à l'expatriation en France. Typique selon lui l'échange entre ce cadre américain et sa collègue française. Il lui demande de réaliser un rapport. « Pour quand ? – Pour demain. – Impossible. » « L'Américain ne comprend pas la mauvaise volonté de sa collaboratrice. Elle ne comprend pas qu'il ne lui donne pas des conditions de travail correctes pour qu'elle puisse mener de bonnes recherches. » Autre terrain d'incompréhension : le sens du risque. Au retour d'un voyage dans les hauteurs de l'Himalaya, Ed me parle de son envie d'écrire un livre sur la spiritualité bouddhiste et le dépassement de soi. Hein ? Qui lira un truc pareil ? Et avec quoi vas-tu convaincre un agent de prendre un livre de ce genre ? Ça doit déjà exister, non ? non ? Ah ben ça prouve bien que ça peut pas marcher sinon ça existerait déjà. Je déroule mes arguments pleins de bon sens quand Ed m'interrompt. « C'est dans des moments comme ça que j'aurais besoin d'une girlfriend un

peu plus américaine. » Sans savoir que je m'étais déjà humiliée, une Américaine m'a résumé le malentendu entre eux et nous. « Vous dites "Ce n'est pas possible" là où des Américains réagiraient en disant "Pourquoi pas ?" »
On nous trouve frileux, systématiquement méfiants, obsédés à l'idée qu'un gain quelque part puisse se traduire par une perte ailleurs.

Mais, mis au pied du mur, quoi qu'ils disent des méthodes de travail françaises, les Américains ne sont pas toujours capables de distinguer l'entreprise française de l'américaine. Cameron Griffith, le lobbyiste fraîchement embauché de l'ambassade française à Washington, se donne comme principale tâche d'expliquer aux membres du Congrès le nombre d'emplois américains liés à des entreprises françaises. En Caroline du Sud, par exemple, Michelin fait travailler 9 000 personnes. La participation de la France à l'économie américaine est méconnue, au grand dam de ceux qui auraient voulu boycotter les produits français.
Le gros de ce que la France envoie aux États-Unis, a dû expliquer John Magnus, un juriste expert en

« Vous dites "Ce n'est pas possible" là où des Américains réagiraient en disant "Pourquoi pas ?" »

Aparté

L'AIR INTELLIGENT

Les Américains se moquent des Français paniqués à l'idée de perdre la face. Au moment de l'accord entre Vivendi et Universal, Michael Wolff, le chroniqueur au vitriol de *New York Magazine,* note que les Français vont probablement se faire rouler dans la farine, parce que, craignant d'avoir l'air bête, ils préfèrent ne pas poser de questions en négociations.

Aparté

LOGIQUE

Les boycotteurs en chef n'auraient pas eu besoin de constituer de répertoires des entreprises et des produits interdits si les entreprises françaises se reniflaient à cent yards.

commerce international au dragon Bill O'Reilly, n'est pas identifiable comme étant français quand il arrive au consommateur et serait donc très difficile à boycotter. Du temps du boycott, un site Internet vendait des listes de courses spéciales boycotteurs. Même la moutarde French's avait dû, à l'époque, publier un communiqué de presse pour rappeler que la marque n'avait de français que le nom : celui de son fondateur (encore que « Français » n'est pas plus un nom français qu'« Allemand » est un nom allemand). Le magazine *Money*, s'amusant de cette ignorance, a fait pour ses lecteurs la liste des entreprises ou marques françaises qui pourraient passer pour américaines (Donna Karan, filiale de LVMH) et de celles qui comme Yoplait sonnent bon la France, mais sont bien américaines.

Chapitre 15

La résistance au changement

Un certain manque de volontarisme

Verbatim

“Quand le pays et ses joies peuvent être arrêtés par des trombonistes à temps partiel, il y a quelque chose qui ne va pas.”

Adam Gopnik, dans le *New Yorker*, à propos du mouvement des intermittents du spectacle.

Les Américains aiment le changement mais n'aiment pas la révolution, les Français c'est l'inverse, entend-on souvent. Les Américains nous prennent pour des conservateurs. Pas des gros réacs non, juste des gens qui voudraient conserver les choses telles qu'elles sont.

Plus que par le nombre de grèves, les Américains en visite sont édifiés par l'indulgence des Français à leur égard. Même lorsque les employés du secteur public, payés par les contribuables, se mettent en grève, les Français ne protestent pas. « Pour les Français, il est politiquement correct de les soutenir en public, mais de se plaindre en privé des dérangements », analyse John Vinocur dans le *Herald Tribune* en juin 2003. Et derrière notre vitrine fièrement frondeuse ? Soumission et respect pour l'autorité.

Personne dans l'entreprise américaine ne se donne du Monsieur, Madame. « Celui qui arrive des États-Unis avec l'idée d'être sympa, de traiter ses subordonnées comme ses pairs risque de passer pour un faible », explique Dean Foster aux cadres américains qu'il prépare à l'expatriation en France.

Grant, que j'ai rencontré pendant un jogging à Central Park, a tiré les mêmes conclusions de son séjour en France. Employé par Microsoft, ce quadragénaire encadrait des projets en Europe. Il ne s'explique pas le respect des Français pour la hiérarchie quoi qu'il arrive. « Si les gens ont un mauvais chef. Ils le critiquent, ils râlent. Mais finalement, ils acceptent son autorité. Des Américains dans la même situation n'acceptent pas ça, ils s'arrangent pour que le chef soit remplacé. »

L'Américain qui travaille en France a du mal à comprendre qu'il faille toujours honorer la hiérarchie. Même Jennifer qui donne des cours dans une entreprise française souffre du trop de respect de ses cadres étudiants. Elle leur a demandé de corriger ses fautes de français. Personne ne le fait. « Je suis la prof, ma position est sacrée. » Comment les Français peuvent-ils être aussi soumis et fatalistes ? Comment peuvent-ils accepter, en vrac, la corruption de Chirac, un taux de chômage de 10 %, ou que le supermarché n'ouvre pas de nouvelles caisses quand il y a déjà une demi-heure de queue ? Eux qui font de « C'est l'argent du contribuable » un des premiers arguments politiques trouvent les Français remarquablement résignés à ce que le leur soit employé n'importe comment.

Comment les Français peuvent-ils être aussi soumis et fatalistes ?

Le mot *accountability* (le fait de devoir rendre des comptes) n'a pas de traduction en français. Il est inenvisageable aux yeux d'un Américain que les Français ne demandent pas de compte sur l'hébergement de Mazarine Pingeot et de sa mère par l'État fran-

Aparté

DE HAUT EN BAS

« Ici, c'est : le patron est le patron », me dit une Américaine travaillant en France pour une boîte américaine, consternée par cette timidité face à l'autorité, qui empêche de remettre en cause le chef. Les discours rebelles ? Du vent. Rien qui ne vise à renverser l'autorité selon elle, mais plutôt une manière d'établir des liens, un esprit d'équipe. Elle juge les structures de communication des entreprises françaises incroyablement traditionnelles. Du haut vers le bas, jamais l'inverse. Pas de politique de la porte ouverte comme aux États-Unis. « L'Américain s'attend à ce que son subordonné français lui parle des problèmes qu'il rencontre. Le Français ne le fera pas parce qu'il a l'impression que ça le fera passer pour un mauvais. »

çais pendant les années de présidence de François Mitterrand.

Prévaut l'image d'un gouvernement corrompu auquel le Français est résolu. « La vision des institutions françaises date d'il y a 50 ans », note une prof de droit française qui enseigne aux États-Unis. « C'est celle d'un système judiciaire inefficace, avec des juridictions administratives à la botte du gouvernement. »

Au pays de la deuxième chance, on est impitoyable avec les hommes politiques qui ont échoué. Qui saurait dire ce que font aujourd'hui Michael Dukakis, Walter Mondale ou Al Gore, parmi les derniers candidats malchanceux à la présidentielle ? Dukakis, par exemple, après s'être fait étaler par Bush père, est prof en fac. Ils perdent la partie et on passe à la suite. Les Américains qui ont eu le temps de s'intéresser à la scène politique française – certes, ils ne sont pas nombreux – s'étonnent de son inertie, voient les politiciens français agrippés au pouvoir.

C'est la preuve pour un journaliste américain que les Français n'attendent plus rien de leurs élus. Pas étonnant dès lors que l'arrivée de Nicolas Sarkozy ne soit pas interprétée comme une modernisation de la vie politique française : « La petite histoire de son ascension, écrit *Newsweek*, est typiquement française, avec autant de petites intrigues personnelles qu'à la cour de Louis XIV. » La France reste, vue d'outre-Atlantique, le petit pays des petits cafouillages, du pouvoir à la cour et de l'entourage.

Aparté

CONNIVENCE

Au retour d'un reportage en France, Ed n'en revient pas d'avoir appris que les journalistes français pouvaient entrer où ils voulaient avec leur carte de presse sans payer et sans faire la queue, marque selon lui d'un télescopage évident des pouvoirs. « C'est vrai que le gouvernement français donne d'énormes abattements fiscaux aux journalistes pour les acheter ? », me demande-t-il.

Chapitre 16

Terre rouge

L'État, toujours l'État

Verbatim

“L’État est aux Français ce que la constitution est aux Américains : un principe obligatoire, un totem, et une religion.”

Adam Gopnik

“Un socialiste qui parle français.”

Le sénateur républicain Trent Lott à propos du démocrate John Kerry

Aux États-Unis, le gouvernement c’est la bête noire. Les candidats font campagne sur la promesse de limiter ses pouvoirs. Petit fils de sénateur, fils de président, George Bush, même après quatre ans à la Maison Blanche, continue de démolir « ces gens de Washington » qui voudraient décider à la place du peuple. Autant dire que les Américains sont confondus lorsqu’ils voient les Français faire appel à l’État sur des sujets qu’eux estiment totalement hors de sa compétence, qu’il s’agisse des licenciements d’entreprise ou de demandes de subventions pour des associations.

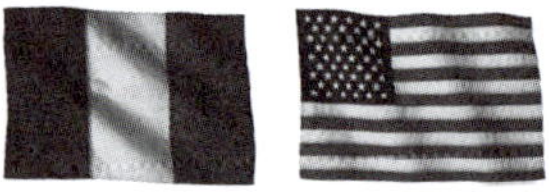

Pourquoi les Français descendent-ils dans la rue et en appellent-ils à l’État pour défendre le pdg d’une entreprise audiovisuelle dans le rouge ? Sur l’éternel problème des crottes de chien, un reportage du *New York Times* se délecte à citer une Parisienne qui voudrait que l’État mette des petits sacs à ramasser les crottes à la disposition des propriétaires de chien. Et d’ajouter que pour que ça fonctionne, il faudrait aussi que l’État explique comment s’en servir. La perspective de la création en France d’un musée de l’Immigration a encore bien fait rigoler le *New York Times.* Tellement français ! Une réponse « financée par le gouvernement et conçue par des politiciens et des bureaucrates pour faire face à un problème social *via* la culture ».

Lorsque Nicolas Sarkozy, ministre de l'Intérieur, fait une visite de pseudo chef d'État au secrétaire d'État Colin Powell et à la conseillère à la Sécurité de George Bush Condoleezza Rice, la presse américaine ne lui consacre pas une ligne. Enfin si, mais dans ses pages économiques. Pour lui reprocher d'être intervenu quelques jours plus tôt pour créer un géant pharmaceutique en rapprochant Aventis et Sanofi. Le gouvernement français est prêt à tout et se donne tous les droits, au mépris des règles européennes, se scandalise la presse américaine.

Les Américains sont confondus lorsqu'ils voient les Français faire appel à l'État sur des sujets qu'eux estiment totalement hors de sa compétence.

D'accord, admettent-ils du bout des lèvres, l'économie américaine est, elle aussi, largement subventionnée. Mais au moins chez eux, on s'en défend plutôt que de le revendiquer ! Et puis, les impôts sont beaucoup plus élevés en France. Plus étonnant encore, les politiciens français ne se croient pas obligés de promettre de les baisser quand ils sont en campagne.

Voilà bien la marque d'un pays socialiste. Le 1er avril 2004, le parti républicain met sur son site Internet une parodie de pub télé attaquant le candidat démocrate John Kerry. « Saviez vous que le 1er avril a été lancé par des Français au

Aparté

DÉRIVES SOCIALISTES

À gauche la France ? Aux États-Unis, ce sont souvent les sujets dits culturels qui permettent d'étalonner politiquement un candidat. Pro-droit à l'avortement, pro-droits des minorités raciales = à gauche. Or, à cette aune-là, la France, où les politiciens sont dans l'ensemble opposés à la discrimination positive pour les minorités raciales, où le droit à l'avortement s'arrête à douze semaines, où le port du voile est interdit dans les écoles, pourrait être considérée comme un pays conservateur. Mais c'est le poids de l'État, la bureaucratie, les programmes sociaux, la couverture médicale généralisée qui, aux yeux des Américains, font de la France un pays dangereusement socialiste.

XVIe siècle ? Il me semble qu'aujourd'hui, ils paient l'essence 4,57 dollars le gallon », dit la voix *off.* Sous-entendu : « Quelle blague économique, ce pays. » Un air d'accordéon et un gros plan sur une peinture à l'huile indiquent qu'on est bien en France. « Aux États-Unis, nous avons John Kerry, qui a soutenu une augmentation des taxes sur l'essence de 50 cents. Ça peut ne pas sembler beaucoup pour un type dont le yacht de 15 mètres porte le nom d'un héros français et coûte 700 dollars pour un plein. Qui a voté pour des impôts plus élevés ? Tout ça avec le soutien de leaders étrangers dont on ne donne pas les noms. Tout cela a tellement énervé son cousin (Brice Lalonde) qu'il a appelé pour dire qu'il allait voter pour Bush », conclut la pseudo blague du 1er avril.

Ah ! Kerry… Un peu français, donc franchement élitiste et radicalement socialiste. « Ce n'est pas la faute de John Kerry s'il ressemble à un Français, mais c'est sa faute s'il veut mener des politiques qui nous feraient nous conduire comme des Français », déclare pendant la campagne Gordon Smith, sénateur républicain d'Oregon (curieusement membre enthousiaste du groupe d'amitiés françaises au Congrès) : « Il défend toutes sortes de choses qui encouragent un socialisme accru à l'intérieur du pays, et l'apaisement à l'extérieur. Et ce que cela signifie, c'est de la faiblesse pour l'avenir. »

L'autre indicateur de notre marquage à gauche est hérité de la guerre froide, la France a eu un parti communiste fort. Pour le tout-venant, la France est donc socialiste.

Aparté

LES LIMITES DE LA LIBERTÉ

Un pays socialiste, c'est aussi un pays où l'on n'est pas libre. La libre expression y est encadrée, les discours d'incitation à la haine sont interdits et sanctionnés. L'ACLU, la grande association américaine de défense des droits civiques, soutient même le Ku Klux Klan, pour le principe, quand il demande à pouvoir défiler. Lorsqu'il s'agit de lutter contre les discours racistes ou antisémites, les Américains répondent *free speech*, premier amendement de la Constitution, alors que les Français encadrent et sanctionnent.

La France reste, pour le *New York Times* « un pays qui a été plus disposé que ses voisins européens à limiter la liberté du discours dans l'intérêt d'une société calme et soudée ».

Chapitre 17

Coincés du porte-monnaie

Le tabou de l'argent

Verbatim

“Les Français ont un long chemin à faire avant de devenir aussi libres sur le sujet de l’argent qu’ils le sont sur le sexe.”

Kristie Hohenadel, journaliste au *New York Times*

Le box-office cinéma se mesure chez nous en nombre d’entrées. Aux États-Unis, il se compte en recettes. Dire d’un film qu’il est « commercial » n’est pas nécessairement insultant aux États-Unis. La démarche commerciale est bien plus décomplexée de ce côté-ci de l’Atlantique, où le mépris français pour le geste commercial et les « vendeurs de parapluie » n’est pas bien compris.

Les Américains ont du mal à comprendre que les Français ne rêvent pas ouvertement, comme eux, de faire fortune. Ils les soupçonnent d’hypocrisie sur le sujet. Comme à l’époque de la guerre en Irak, où même chez les opposants à l’intervention militaire américaine, on rechigne à voir des principes derrière l’opposition française à la guerre, et on parle des « contrats » que les Français voudraient protéger. Notre mercantilisme serait d’autant plus pervers qu’il avancerait masqué.

Même chez les élites *a priori* plus francophiles, les Français passent volontiers pour des gens qui utilisent des grands concepts et des abstractions pour défendre des intérêts commerciaux : ils seraient des êtres tout aussi matérialistes que les autres, mais qui dissimulent leur vénalité derrière un vocabulaire supérieur.

« On m’avait dit que les Français ne parlent pas d’argent », me dit Jennifer, mariée à un Français. « C’est pas vrai, ils en parlent tout le temps. Ils parlent du prix des voitures, des maisons, des salaires. Simplement, ils n'en parlent pas de manière personnelle, ils ne disent pas "je" quand ils parlent de la valeur des choses. »

Il n'y a pas de traduction pour « nouveau riche » aux États-Unis.

S'il est mal vu d'en parler, il est bien vu d'en avoir. Et la France reste très associée à la notion de classe. La preuve en est ces personnages français au cinéma qui jouent toujours sur la caricature aristo. Comme le Français de la série télé *The West Wing* (À la Maison Blanche, en VF), baptisé Jean-Paul Pierre Claude Charpentier, vicomte de Condé de Bourbon.

« Quand les gens disent "ma famille", on comprend que ce n'est pas exactement de leur famille dont ils veulent parler mais d'où ils viennent », relève un avocat américain au retour de France. Il n'y a d'ailleurs pas de traduction pour "nouveau riche" aux États-Unis, alors que c'est chez nous une marque de mépris, tandis que l'expression *old money* est assez péjorative. « Le mythe du *self-made-man* ne peut pas fonctionner, note un Américain au retour de France, dans un pays où l'on se définit par ses origines. »

Aparté

Se vendre, c'est moche, chez nous. Rachelle, ma copine devenue une grosse huile marketing dans une entreprise américaine, m'a raconté les candidatures qu'elle a reçues de Français : « C'étaient des e-mails de deux lignes qui disaient : "Dites moi si vous voulez que je vous envoie mon CV." » Notre style minimaliste déroute. Le Français répugne à en rajouter des louches. Les cartes de visite françaises manquent de panache, elles portent encore des titres aussi désuets que « technico-commercial » quand la secrétaire de la companie américaine est *manager* et que n'importe quel cadre supérieur avec deux ans d'ancienneté est vice-président.

Chapitre 18

L'intolérance religieuse des Français

Une laïcité militante

Verbatim

“Un jour, les Juifs de France vont partir. Comme ils sont partis d’Espagne il y a 500 ans. Et comme l’Espagne, la France se retrouvera à genoux.”

Ed Koch, ancien maire de New York

Au 31e étage d’une tour, Ed Koch, ancien maire de New York, s’enfonce dans son siège. « Moi, par exemple, je déteste les Français. Et je le dis tout le temps dans mon émission de radio. » Son bureau, musée de l’Ego, est décoré d’une quarantaine de photos de lui, dont une aux côtés de François Mitterrand, et une autre avec Jacques Chirac. Dans son émission de radio hebdomadaire, il appelle régulièrement à boycotter le tourisme en France. À une époque, il terminait sa chronique par « *Omni Gaul delanda est* » (toute la Gaule doit être détruite).

Il en veut à l’antisémitisme des Français. Il a lancé ses premiers appels au boycott de la France en décembre 2001, lorsque l’ambassadeur français en Grande-Bretagne, Daniel Bernard, avait parlé d’Israël comme d’un « *little shitty country* » et que le gouvernement français ne l’avait pas sanctionné. À chaque fois que je viens chercher son avis sur la politique de New York, l’interview terminée, il m’interroge : « Alors ? L’antisémitisme en France, on en est où ? »

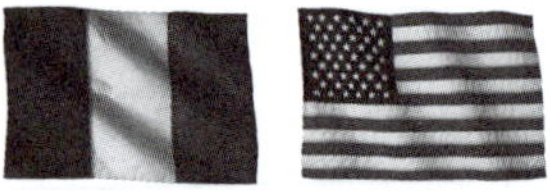

Un jour, il ajoute : « Quand j’ai entendu qu’un rabbin conseillait aux enfants de mettre des casquettes plutôt que des kipa, ça m’a donné envie de pleurer. » La France, explique-t-il, « c’est un pays où un livre qui dit que l’attentat contre le Pentagone a été mis en scène par la CIA et le Mossad devient un best-seller ».

Désigné par George Bush pour représenter les États-Unis à la conférence sur l'antisémitisme à Berlin en 2004, Ed Koch croit en un antisémitisme viscéral du Français. « Pendant la guerre, ils ont collaboré avec les Nazis. Ils étaient mauvais à l'époque. Ils le sont maintenant. » Quand il était maire de New York, il était venu rendre visite à Chirac, alors maire de Paris. « Il avait eu la gentillesse d'inviter des Juifs parisiens. Je leur demandais : "Mais pourquoi n'élevez-vous pas la voix ?" Eux me disaient : "On ne peut pas : pour être accepté, on est supposé être plus français que les Français et ne pas critiquer l'antisémitisme français." »

L'épouvantail de l'antisémitisme français est sérieusement agité aux États-Unis depuis le printemps 2002. C'était l'époque des attaques contre des communautés juives en France, des critiques par Jacques Chirac de l'occupation militaire israélienne, l'époque aussi où Jean-Marie Le Pen accédait au deuxième tour des présidentielles.

Le Centre Simon Wiesenthal avait déconseillé aux Juifs américains de voyager en France (et en Belgique). Pour les mêmes raisons, une branche de l'American Jewish Congress avait demandé à ce que le festival de Cannes soit boycotté.

L'épouvantail de l'antisémitisme français est sérieusement agité aux États-Unis depuis le printemps 2002.

Aparté

BANLIEUES PAS CHIC

La réputation, répandue outre-Atlantique, de « pays antisémite » accolée à la France se nourrit de malentendus. Par exemple, quand les Américains entendent qu'il y a eu des attentats contre les synagogues dans les banlieues, ils ne comprennent pas que les banlieues françaises, ce sont leurs quartiers chauds des centres villes. Aux États-Unis, les banlieues, c'est la vie tranquille des classes moyennes : quand un phénomène s'y produit, cela signifie qu'il touche l'ensemble de la société.

Aparté

LE PASSÉ EN FACE

L'historien Irwin Wall s'en prend à un autre grand cliché couramment répandu aux États-Unis : dire que la France ne veut pas regarder en face son passé de la Seconde Guerre mondiale. « Au contraire, depuis la sortie du livre de Robert Paxton, certes un Américain (le premier historien à rappeler aux Français dans les années 70 que la France n'avait pas toujours été un pays de résistants), la France en est presque obsédée. Il y a toujours des nouveaux livres qui sortent sur la question. »

L'autre source d'incompréhensions, voire de fantasmes, c'est le nombre croissant de musulmans en France. « Encore hier, j'entendais sur un talk-show à la radio que la France serait le premier pays occidental à basculer musulman », me raconte Mark Silberer, un *biker* rencontré en Arizona qui remonte les *highways* sur sa Honda, le T-shirt décoré du logo de son groupe de rock chrétien.

La diplomatie française n'a pas immédiatement réagi aux États-Unis. « Il n'y a pas un pays antisémite mais des actes antisémites », répète-t-elle aujourd'hui, soupçonnant qu'on accuse la France d'antisémitisme pour la discréditer au Proche-Orient.

Peut-être que l'antisémitisme n'est pas plus répandu en France qu'ailleurs, concède Max Berley, un journaliste américain qui a grandi en France, « mais en France, ça fait mauvais genre ». Comme pour tous les actes néo-nazis en Allemagne, la presse américaine est prompte à lire le retour de Vichy dans chaque geste antisémite en France.

Que la France puisse sérieusement envisager de bannir le port de symboles religieux est inconcevable du point de vue américain.

Au-delà de sa réputation antisémite, la France a plus généralement celle d'un pays peu tolérant envers les autres religions. « Quand les Français parlent de l'Église, il est entendu qu'elle est catholique », fait valoir une Juive américaine vivant en France. « Être français, c'est être catholique. On demande implicitement aux autres qui voudraient adopter la France de bien vouloir être discret sur leur religion si ce n'est pas celle-là. » Chaque année, la France se fait épingler dans le rapport du Département d'État sur la tolérance religieuse dans le monde, à cause de l'interdiction de certaines religions considérées comme des sectes en France.

L'interdiction du port du voile dans les écoles, qui a fait la une de la presse américaine, est, selon le porte-parole du Département d'État, une source « importante de préoccupations». Que la France puisse sérieusement envisager de bannir le port de symboles religieux est inconcevable du point de vue américain.

Aux États-Unis, l'expression de sa religion – tant qu'on en a une – est encouragée. Les États-Unis n'ont pas, comme la France, la religion de la laïcité : 90 % des Américains disent aujourd'hui croire en Dieu. Vu des États-Unis en époque de populisme tendance cul béni, la France est un pays athée, en guerre contre la religion.

Aparté

Quand deux journalistes français ont été kidnappés en Irak, c'est aux conditions posées par les ravisseurs – le retrait de la loi sur le voile – que la presse américaine a porté le plus d'attention, médusée à l'idée que les musulmans de France aient pu se ranger derrière le gouvernement et demander aux preneurs d'otage de ne pas s'ingérer dans la vie politique française.

Chapitre 19

La France terre d'accueil !

Un vrai melting-pot

Verbatim

“Chez vous, les Noirs emploient la même syntaxe que les Blancs. L’éducation des minorités est mieux réussie que chez nous.”

Un ami américain né de parents cubains

« Alors, il paraît que t’es avec une face de citron ? » Un copain de Paris me pose la question avant qu’Ed et moi prenions l’avion pour nos vacances en France. Parce qu’Ed est chinois. Enfin ABC – American Born Chinese – : ses parents sont arrivés de Hong-Kong un an avant sa naissance. Lui, quand on lui demande d’où il est répond « de Washington DC ». C’est là qu’il est né. Là qu’il a grandi.

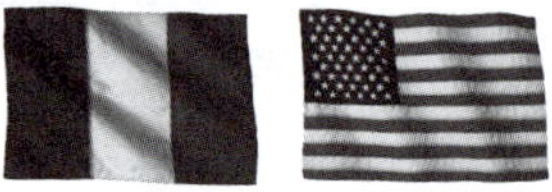

Ed veut savoir comment les minorités raciales vivent en France, comment elles sont traitées dans cet autre pays où l’on immigre, mais dont on n’émigre pas. Mais essayez d’expliquer à des Américains que non, vous ne pouvez pas leur dire combien il y a de Noirs en France. Parce qu’on ne les compte pas, et qu’il est d’ailleurs interdit de les compter (puisqu’on ne peut pas poser la question).

Impossible donc pour les minorités raciales d’avoir des arguments chiffrés s’ils veulent exiger que leur groupe soit mieux représenté sur les lieux de travail, dans les universités ou dans les médias. Pas de possibilité de discrimination positive bien évidemment. Et pas non plus d’encouragement à « célébrer la diversité ».

Notre monochromie sociale et raciale laisse les Américains ambivalents. Vu des ghettos de New York ou Chicago, oui, ils sont impressionnés par l’assimilation française. « Chez nous, tout le monde met l’accent sur sa différence », constate une Noire américaine, professeur de français qui se rend tous les ans en France. Vous, vous mettez l'accent sur ce qui fait l'appartenance française. Chez nous, cela n'existe qu'en temps de crise comme au moment du 11 septembre. »

Cette prof relève pourtant quelques hics dans cette France qui résiste au multiculturalisme. Elle a vu que ce sont souvent des Noirs qui nettoient les rues. Elle en croise rarement occupant des postes à responsabilités. Elle trouve le modèle français plus paternaliste qu'aux États-Unis. Elle aimerait en discuter avec des Français, mais elle a renoncé. Aussi sec, ils la renvoient aux problèmes raciaux des États-Unis, lui parlent ghetto, lynchage, esclavage, mettent les discussions sur les races aux États-Unis sur le compte du *politically correct* américain.

Essayez d'expliquer à des Américains que non, vous ne pouvez pas leur dire combien il y a de Noirs en France.

« Chez nous il y a de méchantes résistances, mais tout est déclaré. On a mis le problème sur la table. On a fait du chemin. C'est vrai qu'en France, vous n'avez pas ces épisodes barbares, mais vous en êtes encore à nier les problèmes entre les races. »

Ceux qui se rendent en France sentent très vite les limites de l'intégration. « Chez vous, c'est clair, on est français

Aparté

L'HISTOIRE D'ÉMILE

La romancière Diane Johnson exprime la même idée dans une interview à un magazine américain. « En France, il n'y a pas de politiques autour de l'identité des groupes. Les Français ont une attitude différente quant à l'assimilation. » Dans son roman *L'Affaire*, elle a créé un personnage d'origine nord-africaine, Émile Abboud. « C'est le plus fier d'être français d'entre tous. Il y a certainement des Nord-Africains non assimilés, stigmatisés ou victimes de discriminations, qui vivent dans des situations de ghetto dans les banlieues de Paris et d'autres villes. Mais la priorité dans les écoles, c'est d'assimiler, pour que chaque enfant, d'où qu'il vienne, entende parler de Napoléon et de l'histoire française. »

Verbatim

"N'importe qui peut facilement être américain. Nous, on ne sera jamais françaises."

Christine, du Club des épouses américaines de Français.

ou pas. Être français, ça veut dire être blanc, avoir une famille installée en France depuis plusieurs générations. Il n'y a pas de problème parce que la question ne se pose pas », dit une jeune Noire.
Les Américains qui vivent en France restent des étrangers. Adam Gopnik fait remarquer, dans son anthologie de la littérature des Américains à Paris, que quasiment aucun de ces grands auteurs, même parmi ceux qui ont passé plusieurs décennies en France, n'est devenu français.

Les Américains ne comprennent pas que la France, convaincue que sa culture forme son identité, puisse concevoir le multiculturalisme comme une menace. Comme s'il fallait choisir entre devenir français et oublier ses origines, ou rester étranger. « Chez nous, on encourage les gens à ne pas oublier d'où ils viennent. Des Français qui vivraient aux États-Unis, fait remarquer Ed Koch, l'ancien maire de New York, on les encouragerait à se souvenir de la Marseillaise et à la chanter. »

Chapitre 20

L'éducation française, usine à cruauté

Tous des bourreaux !

Verbatim

“Quand des parents américains voient des enfants français de 5 ou 6 ans assis avec leur famille au restaurant pendant des heures sans bouger, il faut leur rappeler que ces enfants ne sont pas malades, ils sont simplement bien élevés.”

Polly Platt, dans son livre de présentation de la culture française

Le premier matin, dans la maison de vacances de mes parents, en Bretagne, Ed a découvert un bol à petit-déjeuner à son nom. En mettant les pieds en France, les Américains découvrent la présence de la famille française. « Ici, c’est important d’avancer en groupe », traduit une Américaine mariée avec un Français. « Aux États-Unis, on croit qu’on ne peut compter que sur soi-même, que la famille peut s’écrouler. En France, les gens ne croient pas qu’ils doivent tout faire eux-mêmes. Cultiver de bonnes relations est important. C’est plus important d’avoir un oncle qui a une maison en Provence que de s’en construire une soi-même. »

Alors, pour « avancer en groupe », il faut se plier à des contraintes inenvisageables pour des Américains qui n’imposent rien et ne s’imposent rien. « Avant de se marier, quand on vivait à New York, je ne comprenais pas pourquoi quand ses parents venaient, ils ne descendaient pas à l’hôtel », raconte encore cette Américaine. « On n’avait pas d’argent. Je ne comprenais pas qu’il aille dans une épicerie fine acheter des fromages français pour leur montrer qu’on pouvait trouver du saint-nectaire et du chèvre ici, qu’on dépense des centaines de dollars pour les emmener à Broadway. Je ne comprenais pas qu’il faille rentrer pour chaque mariage, je trouvais qu’envoyer un cadeau et une carte pouvait suffire.

Maintenant que je suis mère, je vois les aspects positifs : ils prennent ma fille en vacances, ce que des parents américains ne feraient peut-être pas. » Tanya n'en revient pas de la facilité avec laquelle des Français peuvent descendre les uns chez les autres en déplacement. « Ici, avoir quelqu'un chez soi, c'est vraiment perçu comme un dérangement. » Qu'en cas d'accident de carrière ou d'écueil sentimental, on repasse chez papa-maman, « ici ça ne se fait pas. On est un *loser* si on continue à habiter chez ses parents passé un âge raisonnable ».

Aux États-Unis, les parents oublient d'exister pour s'adapter au rythme de leurs enfants.

Curieusement, avant qu'ils ne quittent le nid familial, la situation est inversée, les parents américains se mettent en douze pour leur progéniture, tandis que « les enfants, les Français les considèrent surtout comme une nuisance », résume un copain américain, père d'un fils de 3 ans, mi-Français, mi-Américain. En France, explique un guide plus modéré, les enfants doivent être « vus mais pas entendus ».

Aux États-Unis, ce sont plutôt les parents qui oublient d'exister pour s'adapter au rythme de leurs enfants, au cœur de l'organisation du quotidien. « On du mal à imaginer la fête d'anniversaire d'une petite fille française.

Aparté

EN RANG BIEN DROIT

Pour ceux qui n'ont jamais vu en vrai de mini-Français, l'idée de leur éducation a longtemps été véhiculée par la série des « Madeline », classique de la littérature enfantine américaine (qui n'a jamais eu vraiment de succès chez nous) : « Dans une vieille maison de Paris, feuillue de haut en bas, vivaient douze petites filles toujours en rang bien droit... » La vieille maison est un pensionnat où la vie est régimentée, les petites filles alignées en deux rangs sont en uniforme : manteaux, cols blancs et gants.

Pas de dinosaure violet, pas de matelas bondissant de cinq mètres de haut, pas de gâteau de la taille d'un garage », raconte Debra Ollivier dans son livre.

Les Américains s'étonnent que les parents français ne s'arrêtent pas de respirer à chaque intervention de leurs enfants.

Aux yeux américains, nous grandissons à la dure. Les parents français ne cherchent pas à épargner leurs enfants. En tous cas pas autant qu'aux États-Unis, où la grand-mère du petit Chaperon rouge n'est pas mangée par le loup, lequel n'est pas tué, quand en France il gît dans son sang, fendu à la hache. Pas plus que je n'ai jamais entendu parler en France de débat entre les enseignants pour savoir si l'encre rouge sur les copies risquait de traumatiser leurs élèves à jamais.

Les Américains s'étonnent que ces parents français, bourreaux patentés, ne s'arrêtent pas de respirer à chaque intervention de leurs enfants. Pire, ils les empêchent de s'exprimer, les coupent d'un « On parle », ou, plus grave encore, d'intempestifs « Arrête de faire l'intéressant » ou « Tu nous ennuies », toutes injonctions prohibées aux États-Unis au nom de la défense de la sacro-sainte *self-esteem* des enfants. « Au foot, si l'enfant réussit un bon dribble, son père lui crie : *"Good job !"* S'il perd la balle de façon minable,

Aparté

PÈRE INDIGNE !

Lorsque la Française Mireille Guiliano a fait un tabac avec sa méthode de non-régime *Ces Françaises qui ne grossissent pas*, tous les critiques ont relevé, traumatisés pour elle, ce que son père lui avait dit à son retour quand, étudiante, elle était revenue des États-Unis avec une bouée de kilos : « Tu ressembles à un sac de patates. » Le monstre !

son père lui crie *"Good try !"* (bien tenté) », raconte un père de famille français installé aux États-Unis.

Les Américains sont médusés non seulement par la rudesse des parents français, mais aussi par l'idée qu'ils puissent la revendiquer : les réprimandes familiale ou scolaires sont faites en public, pire, elles sont sarcastiques. « Il n'est pas rare, note la correspondante du *New York Times*, qu'un professeur dise "Tu es nul" à un élève devant toute la classe. »

À Paris, Polly Platt répertorie les sanctions possibles : réprimandes, gifles, fessées, menaces d'attaques par des monstres ou d'enfermement dans un placard sombre. « La plupart des Américains prendraient ça pour une stratégie destinés à envoyer tout le pays à l'asile avant l'âge de 20 ans » et s'étonne « qu'ils en sortent aussi équilibrés ». Certes, Jennifer, une mère de famille américaine vivant en France, admet que « finalement, ça nous choque plus nous que nos enfants ». Elle n'en revient pas qu'avec un traitement pareil, sa fille puisse chanter sur tous les tons son amour pour sa maîtresse. Et Adam Gopnik, l'ancien correspondant du *New Yorker* à Paris, se souvient lui aussi de la première rentrée américaine de son fils de 7 ans. « C'est bizarre, a-t-il dit, les profs sont trop gentils. »

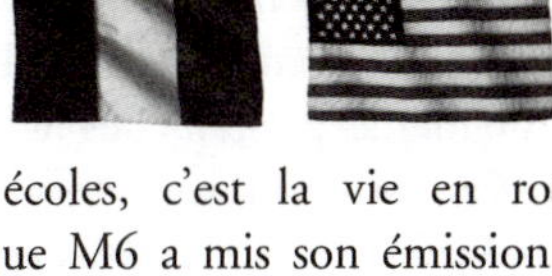

Nos écoles, c'est la vie en rosse. Lorsque M6 a mis son émission de télé-réalité *Le Pensionnat de Chavagnes*

Verbatim

"Si mon fils est puni, je pars du principe qu'il a fait une bêtise. Les parents américains partent du principe que leur enfant est un ange, ils vont demander des explications aux profs."

Un père de famille français de Washington

Aparté

ON RESTE COPAINS ?

Les enfants français ne semblent pas tenir rigueur à leurs parents des « humiliations » en rafale qu'ils ont subies : à la différence de leurs équivalents américains, les parents français n'ont pas l'air de faire d'efforts pour être copains avec leurs enfants, et, observe Polly Platt, « ce qui est intéressant, c'est qu'une fois adultes, les enfants sont copains avec leurs parents, peut-être plus que les Américains. »

à l'antenne, le *New York Times* y a immédiatement reconnu notre sadique nostalgie du bonnet d'âne. Parce que pour des parents américains, il est entendu que l'école sert à la réalisation de soi avant de viser l'apprentissage de connaissances. « Mon fils est en CE1B. Je m'en fiche que son copain soit en CE1A », raconte un père de famille français de Washington. « Les parents américains insistent pour que leurs enfants soient changés de classe en fonction de leurs amitiés. Ce serait l'anathème dans une école française. »

Question scolarité, aux États-Unis, le redoublement, c'est encore l'hérésie. À l'inverse la *social promotion* des écoles américaines signifie qu'un enfant doit d'abord accompagner son groupe d'âge (à New York, le maire a fait scandale en voulant y mettre des limites).

Ce que l'école française attend des enfants semble à des parents américains au-dessus de leurs forces, au propre comme au figuré. « Je ne comprends pas quand je vois ces gamins qui vont à l'école avec des cartables plus gros qu'eux », s'indigne un père de famille américain en France.

Du coup, les parents américains dont les enfants sont scolarisés en France se heurtent au même dilemme, l'affirmation d'une personnalité heureuse (« Chez nous, on leur dit tout le temps qu'ils sont merveilleux ») ou le niveau d'éducation (« Ici le niveau est meilleur, ils font du latin, de la physique...»).

Curieusement, cette sévérité parentale ne semble pas entamer le sens de la famille. « Le dîner français dure en moyenne une heure et demie », note Debra Ollivier. « Les membres de la famille ne mangent pas à tour de rôle pour que le petit Jacques (*cliché** alerte ! quelqu'un pourrait-il expliquer aux Américains que les petits enfants français ne s'appellent plus Jacques ?) puisse aller à son entraînement de foot. Et ils ne mangent pas à toute vitesse pour ne pas rater un épisode des *Simpsons.* »

Le fossé entre ce qu'ils voient chez nous comme du dressage et la prime qu'ils accordent à la réalisation de soi se maintient dans les études supérieures. L'expression à la première personne est encouragée dans les *papers* américains, tandis qu'en France le « je » est interdit.

Les étudiants américains sont encouragés à donner leur avis. En France, c'est thèse et antithèse.

Les étudiants américains sont encouragés à donner leur avis, quand leurs équivalents français doivent présenter une thèse et une antithèse. D'ailleurs l'attention portée au « plan » déconcerte les étudiants américains dont on mesure les connaissances par des questionnaires

* *In French in the text.*

Aparté

MAL TRAITÉS

Professeur à Sciences Po détaché à l'université de Columbia où il s'occupe d'un programme d'échanges universitaires entre la France et les États-Unis, Pascal Delisle raconte la perplexité des étudiants américains dans des universités françaises. « Ils paient tellement cher leur scolarité qu'ils ont plutôt un comportement de client qui achètent un service d'éducation. Ils s'attendent à être bien traités. Quand ils arrivent dans une université française, ils ont un choc. Pas de soutien, pas d'encadrement, pas d'équipement... Le grand cours magistral dans un amphi bondé chez eux, ça n'existe pas. Ils ne comprennent pas qu'un prof ne commence pas son cours en donnant son téléphone, son e-mail et toutes ses coordonnées pour pouvoir le joindre à tout moment. »

Verbatim

“Je n’ai pas élevé des petits enfants français.”

Elizabeth Edwards, femme du candidat à la vice-présidence John Edwards, alors que Emma Claire (4 ans), et Jack (6 ans) n’arrivent pas à rester tranquilles sur leurs chaises pendant un discours de leur père.

à choix multiples, jusqu’au plus haut niveau universitaire.

Lisa, à la tête de son école américaine, donnait à ses enseignants le mode d’emploi des étudiants français. « Je les prévenais que ces étudiants français ne ressemblaient à rien de ce qu’ils connaissaient, que certains de leurs comportements allaient leur sembler inacceptables, irrespectueux, qu’ils arriveraient en retard en classe, qu’ils discuteraient entre eux pendant les cours, et qu’ils rendraient leurs devoirs en retard. Mais qu’il ne fallait pas qu’ils le prennent de manière personnelle, que c’étaient juste des différences culturelles. »

L’autre avertissement concernait la participation des étudiants aux cours. Ou plutôt leur non participation. « Un étudiant français qui participe au cours est perçu comme un collabo, un fayot. Du coup, nos profs américains avaient le sentiment d’enseigner au lycée, à l’âge où les lycéens sont obsédés par ce que les autres pensent d’eux. »

À l’inverse, Sylvie, une copine franco-américaine qui a enseigné le français dans la prestigieuse université de Princeton, se souvient des avertissements réservés aux enseignants du département. « On nous disait bien qu’il n’était pas question d’humilier les étudiants. »

Postface

UN PEU DE CLAIRVOYANCE

Le *French bashing* ? Ils ne nous aiment pas. La réconciliation busho-chiraquienne ? Ils nous aiment à nouveau. Au-delà du spin du jour orchestré par la Maison Blanche et l'Élysée, la perception que les Américains ont des Français n'évolue guère. Et il n'y a pas de frontière nette, contrairement à ce qu'on voudrait penser, entre une Amérique rouge, républicaine et francophobe, et une Amérique bleue, démocrate et francophile. Au Texas aussi, les *French* manucures sont supposées plus sophistiquées que les soins ordinaires. À Boston aussi, on s'agace à l'obligation de se prosterner devant la culture française.

Loin de moi l'idée d'avoir écrit ce livre pour élargir le Club des complexés de la France, le club de ceux qui se rengorgent de leur absence d'auto-indulgence, une attitude qui permet de prétendre avoir un horizon plus large que le compatriote moyen, et d'avoir l'illusion qu'on sera mieux traité quand les États-Unis envahiront la France.

Mais voilà donc le Français tel qu'on l'imagine en Amérique, raffiné et gourmet certes, mais aussi mufle, collabo, et dépravé... L'ignorance nourrit les clichés, regrettera-t-on. Mais c'est ce Français-là dont le téléspectateur est abreuvé. Il faut s'exprimer aux États-Unis. Les Français sont certes présents à Washington, mais l'État n'a pas le monopole des politiques françaises. Sans voix françaises citées dans la presse, sans voix françaises s'exprimant dans les laboratoires à idées (les *think tanks*), les Américains ne côtoieront que ces Français de bande dessinée, ces français hollywoodiens ou de dessin animé.

Changer ces perceptions demande d'autant plus d'énergie qu'elles nous profitent parfois. Comme lorsqu'on nous crédite de bon goût ou d'élégance avant même de nous avoir vus. Et les Américains non plus n'ont pas trop envie que l'on touche à la carte postale. Ils aimeraient que la France reste celle de leur fantasme, à l'image du casino Paris de Las Vegas.

BIBLIOGRAPHIE

Sally Adamson Taylor, *Culture Shock! A Guide to Customs and Etiquette*, Portland (OR), Graphic Art Center Publishing, 1990, mise à jour 2003

Gilles Asselin & Ruth Mastron, *Au Contraire! Figuring out the French!*, Yarmouth (ME), Intercultural Press, 2001

Françoise Blanchard, Jeremy Leven, *Say Chic! To say it in French*, Strasbourg, Éditions Diateino, 2004

Denis Boyles, *Vile France : Fear, Duplicity, Cowardy and Cheese*, San Francisco (CA), Encounter Books, 2005

Richard Chesnoff, *The Arrogance of the French: Why They Can't Stand Us – and Why the Feeling Is Mutual*, New Brunswick, Sentinel, 2005

Charles Cogan, *Diplomatie à la française*, traduit de l'américain par N. Roussellier, Paris, éditions Jacob-Duvernet, 2005 (*French negociating Behavior: Dealing with La Grande Nation*, Boston, United States Institute of Peace, 2003)

Éric Dior, *Un Couple Infernal: 200 ans de francophobie et d'antiaméricanisme*, Paris, Perrin, 2003

Adam Gopnik, *Paris to the Moon*, New York, Random House, 2000

Adam Gopnik (éd.), *American in Paris: A Literary Anthology*, Penguin USA, 2004

Harvey Levenstein, *We'll always have Paris: American Tourists in France since 1930*, Chicago, The University of Chicago Press, 2004

John J. Miller et Mark Molesky, *Our Oldest Enemy: A History of America's Disastrous Relationship with France*, New York, Doubleday, 2004

Debra Ollivier, *Entre nous: A Woman's Guide to Finding Her Inner French Girl*, New York, St. Martin's Press, 2003

Polly Platt, *Savoir Flair ! 211 Tips for Enjoying France and the French*, Londres, Culture Crossings, 2000

Polly Platt, *French or Foe ? Getting the Most out of Visiting, Living and Working in France,* Londres, Culture Crossings, 1994, 2e édition, 2002

Ted Stanger, *Sacrés Français.* Un Américain nous regarde, Paris, Michalon, 2003

Ross Steele, *The French Way: Aspects of Behavior, Attitudes, and Customs of the French,* Lincolwood (IL) Passport Books, 1995

Kenneth R. Timmerman, *The French Betrayal of America,* New York, Crown Forum, 2004

Justin Vaïsse, « American Francophobia Takes a New Turn », *French Politics, Culture and Society,* été 2003.

Pierre Verdaguer, « La France vue par l'Amérique : Considération sur la pérénnité des stereotypes », *Contemporary French Civilization,* 1996.

Illustations

Drapeaux : Comstosk
Personnages : Reinhard Blumenschein/Photodisc

Graphisme

Arnaud Sperat-Czar

Cet ouvrage a été achevé d'imprimer en août 2005
sur les presses de
La Nouvelle Imprimerie Laballery
58500 Clamecy
Dépôt légal : septembre 2005

N° d'Imp. : 507132
ISBN : 2-84724-086-1
Imprimé en France